Gut abgehangen

Romane langweilen mich zu Tode.
Ich würde meine Romane nie lesen,
wenn ich sie nicht selbst geschrieben hätte.
Friedrich Dürrenmatt

Fabio Marotti
Hella Häm-Börger

Gut abgehangen

Bibliografische Information der deutschen Nationalbibliothek
Die deutsche Nationalbibliothek verzeichnet diese Publikation in
der Deutschen Nationalbibliografie; detaillierte bibliografische
Daten sind im Internet über http://dnb.d-nb.de abrufbar.

Gesamtherstellung:
Herstellung und Verlag:
BoD - Books on Demand, Norderstedt
Umschlaggestaltung: Atelier Rudolfo W.C. Basta

ISBN 9-783734-7675-93

Die Autoren

Fabio Marotti

genießt sein *zweites Leben* als (Un-)ruheständler und smartphone-frei in der Drei-Flüsse-Stadt Bad Friedrichshall.

Neben seinem Hauptberuf eine jahrzehntelange künstlerische Karriere als Aquarellmaler, Promi-Karikaturist, Fotograf skurriler Schnappschüsse, Songtexter und Autor von dreizehn Büchern.
Fünfundsiebzig Ausstellungen – unter anderem gemeinsam mit Udo Lindenbergs *Likörellen.*

Er verfügt über ein schier unerschöpfliches Reservoir an Humor und Satire. Bereits in Jugendjahren Mitglied des Kabaretts „Die Mittelreifen". Mitwirkung bei den „Strudelliteraten", einer Vereinigung von Literaturschaffenden. Nebenberuflich jahrelang Inhaber einer Gastspieldirektion.

Auch ohne Aufzählung seiner weiteren breit gefächerten Hobbys zweifelt man nicht an seiner Aussage, dass man sein rundum erfülltes Leben problemlos mindestens auf drei bis vier *Normalbürger* aufteilen könnte.

Hella Häm-Börger,
als Helga Eggers im Dorf auf- und in die Stadt Hamburg-Bergedorf hineingewachsen, lernte bei einer Flusskreuzfahrt den Multi-Künstler Rudi Hans Böhret kennen.

Von seinen vielfältigen Talenten beeindruckt, ließ sie sich dazu hinreißen, ein gemeinsames Buch zu erarbeiten.

Bisher der plattdeutschen Sprache verpflichtet, begab sie sich hierbei weiblich-neugierig auf neues Terrain. Zu Hilfe kam ihr dabei der ererbte feine Humor, den sie nun etwas derber ausbaute. In geschliffenen und manchmal auch frechen Formulierungen trifft sie mitten ins Herz. Dem Stil des Co-Autors angepasst, freundete sie sich zudem voller Leidenschaft mit der zartseidenen Erotik an.

Eine Kombination aus Spannung und Satire rundet das Spektakel ab.

Beruflich ehemals als Käsefachfrau eines Feinkosthauses gefragt, hat sie sich damit jetzt auf leicht Verdauliches spezialisiert.

Wohl bekomm`s!

Wir verzichten auf ein Vorwort. Gruseln und schmunzeln Sie sich doch stattdessen gleich durch diese mörderischen Stories:

...und bitte beachten Sie, dass fast alle der erwähnten Personen der Fantasie der Autoren entsprungen sind.
Sollten sich wider Erwarten Ähnlichkeiten mit lebenden oder dahingemeuchelten Lebewesen ergeben, ist dies eher zufällig als beabsichtigt.

Ein Hellseher sieht rot

Und sollte es heute auch noch so heftig an meiner Bürotüre mit dem Schild *Private Ermittlungen aller Art* klingeln – ich werde nicht vor 10 Uhr öffnen. Punkt 10 Uhr und keine Sekunde früher. Punktum!

Verdammt, wo habe ich nur wieder die Kopfschmerztabletten vergraben? In der Hausapotheke nur Lutschbonbons und Nasenspray, in der Gefriertruhe nur Jod und Pflästerchen und in der Nachttischschublade die obligatorische Hunderterpackung *Fromms gefühlsaktiv* feucht mit Reservoir. Aber nirgendwo ein Pülverchen gegen den hämmernden Salsa-Rhythmus in meinem blonden Hornissenschädel. Okay, dann eben einen Espresso, so kräftig, dass die Tasse einen Sprung abbekommt.

Dazu ein Schuss Zitronensaft. Eklig, aber wirksam!

09.59 Uhr und es klingelt. Wenn es nun doch ein zahlungskräftiger Kunde ist? Ich schlurfe im Edel-Negligé, bei dessen Anblick sogar der Kloster-Prior unheilbaren Schluckauf bekäme, zur Türe: Nobody! Oder war`s vielleicht doch eher das Telefon? Bingo!

„Bin ich richtig verbunden mit Frau Hella Häm-Börger?" säuselt mir eine ziemlich schwulenhaltige Stimme entgegen. „Mein Name ist Valentino der Dritte, der Herr über alle Gedanken. Der Hohepriester, der die Zukunft kennt wie seine eigene Unterhose."

„Meister, in Ihrer Unterhose möchte ich nicht stecken. Ich denke, Sie sind Hellseher. Also müssten

Sie doch wissen, dass Sie bei mir richtig sind. Ich zum Beispiel merke Ihnen an, dass Sie richtig Schiss haben. Auch ohne *Hella die Erste* zu sein. Also, schießen Sie los, falls es Ihnen nichts ausmacht, dass meine Zähne noch nicht poliert sind."

„Ich werde bedroht, aber ich weiß nicht von wem."

„Wer ist denn nun der vom Geist des Übersinnlichen erleuchtete Meister? Sie oder ich?" konnte ich mir nicht verkneifen. „Okay, kommen Sie vorbei. Ab 11 Uhr kann ich gerade noch ein paar Minütchen für Sie abzwacken."

„Mir wäre es lieber, wenn Sie zu mir kommen", schlotterte mir seine Stimme geradezu händeringend entgegen. Ich traue mich vor nackter Angst nicht auf die Straße."

„Also gut, wenn Sie mir das Taxi zahlen. Milchstraße 23 b, wenn ich mich nicht irre?"

„Woher kennen Sie meine Adresse, Frau Detektivin?" fragte Valentino der Dritte vollkommen perplex.

„Ich kann zwar nicht die Zukunft lesen, dafür aber das Telefonbuch, edler Fernseher", erklärte ich ihm mit trockener Stimme, denn mein Espresso harrte ungeduldig meiner. „So long. Ich bringe dann gleich meine Tarifliste mit oder können Sie diese etwa auch im Universum erforschen?"

Geradezu zärtlich streichelte ich den Hörer auf die Gabel zurück. So früh am Morgen schon ein potentieller Kunde. Der Tag fing gut an – auch ohne Kopfschmerztabletten.

Natürlich nahm ich keinen Mietwagen mit Driver, sondern bestieg meinen aufgetunten Smart, den ich günstig aus einer Geisterbahn-Insolvenz erworben hatte. Eine Blanko-Taxirechnung hatte ich für solche Einsätze immer parat.

Milchstraße 23 b. Ich orientierte mich an den Briefkästen. Da war`s. *Valentino III., der Meister, der in Ihrer Zukunft liest: Aus den Augen, aus der Hand und im Kaffeesatz. Hinterhof, 3. Stock.*

Ich klingelte atemlos. Denn drei Stockwerke mit Kopfschmerzen und Stöckelschuhen sind für eine 42 ½-Jährige kein Pappenstiel. Und wenn der Mini noch so kurz und die Löckchen noch so lang sind. Immer noch nach Luft schnappend wie ein weißer Hai am Sandstrand von Rimini öffnete ich erst mal als Zugabe zwei weitere Knöpfe an meiner Bluse, um meinen halterlosen Dingdongs mehr Hubraum zu geben.

Aber kein *dritter Valentino,* der sich abmühte, mir die Tür zu öffnen. Sollte der Meister etwa genauso schwerhörig wie kurzsichtig sein? Doch da sah ich, dass die Türe nur angelehnt war. Da roch doch etwas oberfaul! So faul wie silierter Mais im dritten Sterbejahr. Und auf meine ausgeprägten weiblichen Gefühle kann ich mich verlassen – bei Tag und Nacht.

Schnell nahm ich mein stets bereites grün-violettes Taschentüchlein mit den weißen Klöppelspitzen *Original Erzgebirge* zur Hand und schob damit fingerabdruckvermeidend behutsam die Hellseher-Türe auf.

Ich musste mich gar nicht auf meinen Instinkt verlassen, denn der Herr alles Übersinnlichen lag als

Schadstoffverursacher unübersehbar mitten in der Diele. Sein FDP-gestreiftes Oberhemd war farblich total unsensibel durch einen roten Fleck zwischen achter Rippe und Milz verunreinigt. Kaliber 9 mm magnum funkte sofort mein erfahrenes Auge von Kleinhirn an Großhirn. Zweifellos eine Beretta mit Schalldämpfer, Baujahr 1993.

Aber das ist wieder typisch: Da hat man endlich wieder einen Kunden am Häkchen, und dann nippelt er einfach so ab. Ohne dass ich ihm vorher meine Preisliste unterjubeln konnte. Und wer bezahlt nun meine Parkgebühren? Beruflich konnte der wirklich nichts getaugt haben. Kann noch nicht mal seine eigene - zeitlich sehr eingeschränkte - Zukunft vorhersagen. Sieht plötzlich rot, jagt mich in der späten Nacht aus den flauschigen Federn und legt sich danach gemütlich zum Schlafen nieder. So geht das nicht. Nicht mit mir. Nicht mit Hella Häm-Börger!

Doch jetzt ganz schnell die Fliege, bevor mir die Zivil-Bullen noch womöglich peinliche Fragen stellen und meine Lizenz samt Haltbarkeitsdatum der Pfefferspray-Dose überprüfen wollen.

Nur der Maulwurf war Zeuge

Man kann nicht behaupten, dass ihn irgendein menschliches Wesen besonders in sein Herz
geschlossen hätte. Weder an seinem Schreibtisch
beim Finanzamt, wo er für die Veranlagung der Bier-
schaumsteuer der Buchstaben V bis Y zuständig war.
Noch beim Gesangverein „Hohes E", wo er zwar nie
zu den Übungsstunden erschien, dafür aber stets bei
Veranstaltungen das erste Freibier erbettelte. Nicht
bei seinen an einem Finger abzählbaren Freunden.
Zumindest seit er Karl-Hubert anzeigte, nachdem
dieser bei Dunkelheit mit dem unbeleuchteten Bol-
lerwagen auf dem Gehweg zum Glascontainer ge-
rollt war. Und schon gar nicht in der Nachbarschaft,
die mit ihm sogar in tiefstem Hass verbunden war.

So war es auch in keiner Weise verwunderlich,
dass Egon Sprüngli erst vermisst wurde, als sein Rasen im Vorgarten das auf Golfplätzen übliche Gar-
demaß von achtundzwanzig Zoll überstieg und der
Postbote beim besten Willen nichts mehr in den
Briefkasten pressen konnte. Eigentlich wurde er ja
gar nicht vermisst; vielmehr befand sich seine direk-
te Nachbarin Marie-Jaqueline Scheifele in absoluter
Hochstimmung, weil sie den notorischen Bruddler,
Nörgler & Griesgram nicht obszön fluchen hörte,
wenn sie sich nackt auf ihrer Liege sonnte. Dabei wusste sie genau, dass dieser perverse Spanner mit dem
Fernglas hinter der Gardine auf ihren heißen Körper
glupte. Pedantisch hatte er auch jedes Zweiglein des
Kirschbaumes abgesägt, das auf ihr Grundstück ragte, damit sie ja nicht auch nur eine einzige dieser sü-

ßen Früchte ernten konnte. Ja, sogar den Maulwurf, der ein paar dezente Erdhäufchen auf seiner Wiese hinterlassen hatte, versuchte er mit allerlei Tricks in ihren Garten zu lotsen. Sie hoffte tatsächlich zu ihren Gunsten, dass Sprüngli in Urlaub geflogen und vielleicht auf dem Rückweg sein Flieger abgestürzt sei. Aber weder in der Zeitung noch in den Nachrichten wurde entsprechend Erfreuliches berichtet.

Auch sein Nachbar zur Rechten, der fast völlig Erblindete Emanuel Hörgut war nicht mehr gut auf ihn zu sprechen, seit Sprüngli - wie ihm andere Anwohner berichtet hatten - mehrmals über seinen Gartenweg ein Seil gespannt hatte und der Sehbehinderte dadurch zu Fall kam. Außerdem würde ihm Sprüngli immer verhöhnend die Zunge herausstrecken. Und Antonio Baldecome, der nette Italiener von der anderen Straßenseite hatte ihm als makabren Höhepunkt gar geschildert, wie dieser notorische Kotzbrocken Sprüngli seinen Blindenstock auf die Hälfte abgesägt hatte.

Richtig stutzig wurde Marie-Jaqueline Scheifele erst, als nach zirka drei Wochen wohltuender Abwesenheit sein direkter Schreibtisch-Vorgesetzter – zuständig für die wichtigen Buchstaben A bis C – bei ihr klingelte und sich nach dem lieben Kollegen Sprüngli erkundigte. Sie äußerte ihr tiefstes Bedauern darüber, keine Auskunft geben zu können. Anscheinend hatte er auch beim Sommerkonzert zum größten Erstaunen der Gesangvereinsmitglieder nicht zum Freibier in der ersten Reihe angestanden.

So wimmelte es am nächsten Vormittag auf Sprünglis Grundstück von Uniformierten und Zivilisierten. Selbst ein vierbeiniger Schnüffler war mit von der Partie. Kriminalhauptkommissar Holdermüller teilte seine Leute ein. Wie dressierte Raubtiere in der Manege wussten sie genau, was zu tun war. Sibel Baumann und Klaus Wegner befragten die Nachbarn und Müller 2 alias Schimanski sowie KK Blaumann suchten zusammen mit den Beamten in Blau Sprünglis Garten ab. Die Kollegen der Spurensicherung stellten derweil das Wohnhaus auf den Kopf.

„Chef, können Sie bitte mal hier schauen?", bat Schimanski den Dezernatsleiter herbei. „Hier ist doch offensichtlich vor kurzem die Erde umgegraben worden."

Tatsächlich befand sich mitten auf dem Rasen eine grasfreie Stelle von etwa 80 x 200 Zentimeter. „Der Vermisste soll doch angeblich gebürtiger Schweizer sein. Vielleicht hat er hier als Kurier ein paar der Hoeneß-Millionen vergraben. Sehr interessant ist auch, dass sich etwa in der Mitte der Fläche eine Art Maulwurfhügel befindet."

„Fragt doch mal bei der Nachbarin nach, ob sie euch einen Spaten ausleihen kann. Und dann geht mal schön auf Schatzsuche", grinste Sepp Holdermüller seine Mitarbeiter liebevoll an.

Schon nach etwa einem halben Meter wurden sie fündig. Der Spaten stieß auf etwas Weiches. Behutsam legten sie die gut erhaltene Leiche eines Mannes frei, dem eine Einkaufstüte von Lidl über den Kopf gestülpt war. Als sie die Tüte abzogen, fiel ein Werbe-Flyer heraus mit der Aufschrift „Fleisch bester Qualität direkt von Ihrer Frische-Theke!"

„Bingo!" dröhnte KHK Holdermüller. „Holt doch

mal die flotte Nachbarin her. Falls es der Sprüngli ist, darf sie ihn gleich an Ort und Stelle identifizieren."

„Ja, das ist der Herr Sprüngli", hauchte Marie-Jaqueline Scheifele mit hochgradig geheucheltem Entsetzen. „Der Arme. Wer tut denn nur sowas?"

„Nun, zumindest einen Feind muss der Tote ja gehabt haben", mischte sich der Gerichtsmediziner Doc Pfotenhauer ein. „Ohne der Obduktion vorgreifen zu wollen, wurde der Mann zuerst mit einem stumpfen Gegenstand niedergeschlagen, dann gefesselt und danach – um völlig sicher zu gehen – auch noch mittels der Tüte erstickt."

Natürlich musste Witzbold Klaus Wegner wieder seinen Kommentar loswerden. „Ist euch vorhin auch der kleine separate Erdhaufen über der Leiche aufgefallen? Wenn das die sogenannte Totenstarre ist, dann möchte ich dies bittschön später auch mal haben. Ich bin mir jedenfalls zu neunundneunzig Promille sicher, dass dies nicht der liebe Maulwurf war. Wäre auch zu schön gewesen, wenn wir ihn als Täter hätten überführen können. Aber zumindest als Zeuge sollten wir ihn vernehmen."

Doch der Maulwurf war inzwischen mit unbekanntem Ziel verzogen. Und da es weder konkrete Spuren noch Tatverdächtige gab, ging leider dieses Tötungsdelikt nach einem ergebnislosen Jahr unter der Rubrik „Unaufgeklärt" in die Kriminalitäts-Statistik ein. Nur eines war nachweisbar gewesen: An der Grablegung hatten drei Totengräber mitgewirkt, denn es waren drei verschiedene Spaten benutzt worden, die im Nachhinein jedoch nicht mehr auffindbar waren.

Angehörige des Verstorbenen konnten nicht ermittelt werden; so wurde das Haus versteigert. Die Nachbarn Scheifele, Hörgut und Comebalde erwarben es zu einem Spottpreis und sie bezahlten voller Dankbarkeit sogar gemeinsam den Sarg für den Verblichenen. Auch bei der Sterbewäsche sparten sie nicht, indem sie sich für die teure bügelfreie Variante entschieden.

„So liebe Nachbarn findet man selten", waren die Bewohner der August-Häfele-Straße einhellig voll des Lobes. Diese lieben Nachbarn trafen sich denn auch fast jeden Abend auf ihrem gemeinsamen Grundstück zu einer schadenfrohen Gedenkminute an bewusster Stelle im Rasen und zu überaus fröhlichen Poker-Partien. Da es auch Spielkarten mit Blindenschrift gibt, war selbstverständlich Emanuel Hörgut voller Begeisterung mit dabei.

Soko „Sarg"

Josef „Sepp" Holdermüller, seines Zeichens Dezernatsleiter für *Mord & Totschlag* bei der Kripo-Direktion Heilbronn, hatte man bisher äußerst selten sprachlos erlebt. Deshalb registrierten seine Kollegen auch ziemlich verblüfft, wie er am Telefon nach Luft japste. „Was, euch kommen die Leichen abhanden?", schrie er brüllend vor Begeisterung und klopfte sich dabei auf seine Oberschenkel, deren Umfang die Maße einer Model-Hüfte bei weitem überstiegen. „Das sollte uns auch mal passieren! Hört mal zu, Leute", grinste er schadenfroh in die Runde. „Beim hiesigen Krematorium kommen seit einer Woche in schöner Regelmäßigkeit leere Särge zum Verheizen an. Also keine edlen, handgeschnitzten Mahagoni- oder Antik-Eichen-Behältnisse, sondern Kisten aus ordinärem astübersätem Kiefernholz, aus dem man im Normalfall vielleicht gerade noch einen Hasenstall basteln würde.

Nun stellen sich dem General-Heizer die folgenden berechtigten Fragen: Wer klaut auf dem Weg vom Beerdigungsinstitut bis zu ihm die Leichen aus den Särgen und wo werden diese womöglich nicht artgerecht entsorgt? Zweitens: Wer tauscht Premiumsarg gegen Hasenstall? Und jetzt meint dieser Oberabfackler doch tatsächlich, solcherlei Merkwürdigkeiten fielen in unser Ressort. Schließlich seien wir ja für *Leichen aller Art* zuständig. Vielleicht würde ihn – der auf den wohlklingenden Namen Dietbert Aschenbrödel hört – womöglich noch die Brennerei-Aufsichtsbehörde dafür belangen, weil er unvollständige Arbeiten ausführe. Und in seiner Buchhaltung werde nun mal ordnungsgemäß vermerkt: Sarg inklusive Inhalt am ….. den Flammen übergeben. Aufgefallen sei aber seinem Mitarbeiter Mustafa Özdutürk, dass plötzlich die Aschehäufchen immer kleiner wurden. Voller Misstrauen öffnete dieser einen Sarg und kippte fast aus den feuerfesten Latschen, als der mausetote Inhalt fehlte. Jetzt könnten wir es uns ja einfach machen und sagen: Keine Leiche, keine Zuständigkeit! Aber es gab ja ursprünglich mal eine Leiche. Nur, wo hat sich diese aus dem Staub gemacht und wohin? Sie wird sich kaum als Anhalter an das Weinsberger Kreuz gestellt haben. Wir müssen wohl oder übel bei dem betreffenden Lieferanten, dem Bestattungsinstitut `Sanftruh´ ansetzen und undercover ermitteln."

Dabei schaute Chief Holdermüller den Kollegen Klaus Wegner so intensiv an, dass diesem sofort Böses schwante. Völlig zu Recht, wie sich gleich herausstellen sollte.

„Lieber Klaus, obwohl du das jüngste Mitglied in unserem Verein bist, soll dir die hohe Ehre zuteil werden, dich als vermeintliche Leiche bei dem Einsarger einzuschleichen. Fast könnten wir alle neidisch auf dich werden, denn du kannst es dir in der Holzkiste so richtig gemütlich machen und dich ausschlafen, während wir uns hier alle die Hacken ablaufen. Sollte dich dann irgendjemand umquartieren und auf Nimmerwiedersehen beseitigen wollen - sei es auf einer Bio-Müllhalde, im Breitenauer See oder in einer abgelegenen Jagdhütte - musst du dich nur ein bisschen tot stellen und uns anfunken, damit wir den Last-Minute-Laden ausheben können. Ein Minijob als Sarg-Tester - jeder von uns würde auf der Stelle mit dir tauschen. Und da der Sarg ja in *leerem* Zustand dem Feuer übergeben wird, musst du auch keine Angst haben, dass es dir zu warm unterm Hintern wird. Außerdem stelle ich dir die Beförderung zum Kriminalhauptmeister in Aussicht, wobei ich allerdings erst vom Personalamt überprüfen lassen muss, ob man Leichen überhaupt befördern kann."

Holdermüllers berühmtes Grinsen reichte dabei wieder vom linken bis zum rechten Ohr.

Dem zum offiziellen Witzbold der Polizeidirektion erkorenen Kriminalmeister war jedoch gar nicht mehr zum Lachen. „Mensch, Chef, wenn die merken, dass noch Leben in meiner Leiche ist, pusten die mir womöglich die Kerze aus. Von wegen Ausschlaf-Job. Ich finde, dass dieses Vorrecht eigentlich Ihnen gebührt und wenn ich Sie mir im schmucken weißen Sterbekleid mit Spitzen und Rüschen vorstelle...."

„Und ich würde Sie auch persönlich am ganzen Körper waschen, einkleiden und schminken", gluckste Kriminalhauptmeisterin Sibel Baumann, geborene Ökücü, und hatte alle Mühe, nicht am eigenen Lachen zu ersticken.

„Schluss jetzt! Du machst das, Klaus. Aber Sibel kann dann ja gerne überprüfen, ob an irgendeiner Körperstelle noch Leben in dir ist, bevor wir den Deckel der Ewigkeit über dir schließen. Keine Sorge, wir passen schon auf. Und sei es auch nur aus dem Grund, dass wir hier sowieso notorisch unterbesetzt sind."

Gesagt, getan. Kollege Klaus Wegner wurde leichengerecht eingekleidet und in den von der Firma `Sanftruh´ angelieferten Sarg gelegt. Als Verbindung zur Außenwelt durfte er sein Dienst-Handy samt Dienstwaffe plus Handschellen mitnehmen. Außerdem drückte ihm Sepp Holdermüller als *Wegzehrung* liebevoll noch zwei Flaschen Distelhäuser Frühlingsbock, eine Schachtel Marlboro sowie einen Big Mac von McDonald´s in die Hand. Alle Kollegen des Dezernats verabschiedeten sich von ihm mit Leichenbittermiene, wobei die dabei vergossenen Tränen wohl kaum einem traurigen Anlass geschuldet waren.

Anselm O. Holzwurmer, der Inhaber des 3-Mann-Bestattungsunternehmens mit dem trostreichen Werbeslogan **„Bei uns sind Sie bestens versargt"** nahm den polizeilich bestückten Sarg samt Begleitpapieren persönlich entgegen und warf nur einen kurzen Blick unter den Deckel. „Oh, der Verblichene war wohl starker Raucher und zu den anonymen Alkoholikern zählte er anscheinend auch nicht?", scherzte er augenzwinkernd und fügte beruhigend hinzu: „Aber das wird sich gleich morgen alles endgültig in Rauch auflösen und die Asche ist letztlich völlig geruchsneutral".

Bei diesen wohlwollenden Worten wurde es Klaus Wegner so warm ums Herz, dass es ihn gleich nach einem kühlen Schluck aus der Flasche verlangte. Doch Bier hat bekanntlich eine blasenanregende Wirkung. „Verdammt, daran hat natürlich niemand gedacht, dass ich auch mal pinkeln muss". Zum Glück war der Deckel noch nicht verschraubt und so wartete der Kriminalhauptmeister in spe sehnsüchtig die Dunkelheit ab, ehe er aus seinem Holzverlies kletterte und in einer Ecke des Aufbahrungsraumes ein kräftiges Springbrünnlein ins Handwaschbecken fließen ließ.

Er konnte sich ausmalen, welches Bild er abgab:

Eine lebende Leiche im Rüschenkleid, die inmitten von Särgen einem dringenden Bedürfnis nachgibt.

Als er nahende Schritte vernahm, flüchtete er rasch wieder zu seiner Liegestatt und zog den Deckel zu. Zwei Männer betraten den Raum. Der Chef der Einsargerei und ein Angestellter mit lupenreinem osteuropäischem Dialekt. Da Wegner nichts sah, musste er sich auf das Gesprochene verlassen.

„Juri, lade den Neuankömmling in die Kieferkiste um, danach auf den Hänger und schaffe ihn wie üblich zu der Tierkörperbeseitigungsanstalt. Vergiss nicht, dem Abdecker und auch dem Franz Feuerschür im Krematorium ihr Trinkgeld auszuhändigen. Aber sei vorsichtig. Angeblich haben die Plattfüßler schon beim Aschenmacher rumgeschnüffelt."

Genau in diesem unpassenden Moment ereilte den Kriminalmeister ein menschliches Rühren im Gedärme und ihm entfuhr ein gewaltiger Misston, der umgangssprachlich auch gerne als Furz bezeichnet wird. Anselm O. Holzwurmer bedachte seinen Mitarbeiter Juri mit einem vorwurfsvollen Blick. „Das habt ihr Karpatenhengste von eurer Knoblauch- und Paprikafresserei. Also, dann bis morgen!"

Juri stellte den Kiefernholzsarg mittels Ameise neben das Premiumgehäuse und lüftete den Dekkel über Klaus Wegner. Dieser war vom grellen Licht im Ausstellungsraum dermaßen geblendet, dass er heftig blinzeln musste. Misstrauisch beäugte ihn der Hilfsbestatter und als er auch noch bemerkte, dass der Pseudo-Tote sich keineswegs kalt und starr anfühlte, schlotterten ihm die rumänischen Knie wie bei einem Malariaanfall. Es war auch ein etwas gewöhnungsbedürftiger Anblick: Ein vor Leben sprühender junger Mann im stilvollen Totenhemd, mit einer Bierflasche in der Linken und in der rechten Hand eine Zigarette. Zudem umschwebte ihn eine penetrante Duftnote. Da die Verwesung in dieser kurzen Zeit noch nicht eingesetzt haben konnte, war der Gestank wohl eher der Verdauung eines McDonald´s-Produktes zuzuordnen.

Im nächsten Moment war KM Wegner schon aus dem Sarg gehüpft, drehte dem schock-gelähmten Mindestlohn-Leichenfledderer die Arme auf den Rücken und legte ihm die stählernen Bänder ums Handgelenk. „Und nun du in Sarg, Juri, sonst du wirklich tot!" Der Beerdigungsgehilfe musste unweigerlich in dem Gehäuse Platz nehmen und Wegner schloss den Deckel rasch mit ein paar Nägeln. Danach transportierte er – wie geplant – den Sarg zum Hänger und brauste Richtung Kripo-Direktion. Unterwegs verständigte er bereits den Dezernatsleiter.

Voller Euphorie stürmte Klaus Wegner in Richtung Büro von Sepp Holdermüller. Die staunenden Blicke der Kollegen vom Nachtdienst registrierte er gar nicht. Erst als hinter ihm brüllendes Gelächter ertönte, wurde er sich seiner faschingsreifen Aufmachung bewusst. „Der Wegner als Engel im Spitzenhemdchen. Kollegen, das müsst ihr gesehen haben!" schrie Müller 2 alias Schimanski. Jeder, der ein Handy greifbar hatte, eilte herbei und schoss ein Foto.

„Chef, wir haben die Bande!" lief Wegner dem Kriminalhauptkommissar entgegen, der ihn theatralisch in die Arme schloss. „Willkommen zurück unter den Lebenden, Klaus. Du kannst schon mal die Einladungen für deine Beförderungsfeier verschicken."

Noch in der Nacht flog der florierende Sargtausch en gros auf und alle Beteiligten der Betrugskette kamen hinter Schloss und Riegel. Das Institut `Sanftruh´ meldete Insolvenz an und der Komplize im Krematorium wurde in die Urnen-Abfüllabteilung strafversetzt. Den Angestellten Özdutürk aber ernannte man zum Oberheizer auf Lebenszeit.

Bei der amtsinternen Beförderungsfeier erklärte ein strahlender Kriminalhauptmeister Klaus Wegner: „Boss, wenn ich mich auf diese Weise bis zum Kommissar hochsterben kann, nehme ich dies gern in Kauf. Nur das Bier für die Wegzehrung sollte beim nächsten Mal besser gekühlt sein. Und wenn man mir vielleicht auch noch ein Spielzeug zum Zeitvertreib mit in den Sarg legen könnte: Weiblich, blond gelockt, zirka fünfundzwanzig Jahre, Konfektionsgröße 36?"

Auf der Alm, da gibt´s koi Sünd

Natürlich hieß sie Heidi. Denn laut Geburtsstatistik tragen 78,4 % aller weiblichen Bewohner des älblichen Gemeinwesens Unterstdorf diesen Vornamen. Und genauso natürlich nennt auch jede dieser Heidis einen brummigen Altöhi sein eigen. Getreu der Erzählung von Johanna Spyri.

Im Frühjahr, wenn den ersten zarten Blümelein von ebenso zarten Sonnenstrahlen neues Leben eingehaucht wird, treibt die Heidi die zwölf violetten Milchkühe ihres Großvaters auf die Alm, wo sich die Tiere bis zum Herbst am satten Grün der Wiesen laben und ihre Euter vor Dieter Bohlen-beworbener MüllerMilch nur so strotzen.

Ja, die drall in ihrem schmucken Dirndl sitzende Heidi liebt dieses streng organisierte Leben – vermutlich deshalb, weil sie nie ein anderes kennenlernte. Und so vermisst sie auch nicht die tägliche Doku-Soap *Nur die Liebe zählt* oder die Anmachshow *Bauer sucht Frau.* Das Leben in der freien und wildromantischen Natur prägte ihr unschuldiges Gemüt und ihren genauso unschuldigen Leib. Obwohl dieser inzwischen bei der Neunzehnjährigen an manchen Tagen und Nächten schon gewaltig rebellierte. Von ihrem Cousin, dem Hias, wusste sie, dass er sich gelegentlich an seinen Schafen abreagierte. Aber sie hatte ja für solche Spielchen noch nicht einmal einen Schafbock in ihrer Berghütte zur Verfügung.

An diesem herrlich sonnigen Vormittag im Juli lag sie vollkommen nackert ausgestreckt inmitten einer duftenden Bergwiese und nur die um sie herum weidenden Öhi-Kühe leisteten ihr muhende Gesellschaft.

Es war äußerst selten, dass sich in diese einsame Landschaft Fremde verirrten; der einzige regelmäßige Besucher war der Großvater, wenn er alle zwei Tage die gemolkene Milch zu Tal karrte.

Sie träumte also von Dingen, von denen sie eh nichts verstand und ihre Augen beobachteten die wenigen Wolken am Himmel, als sie plötzlich zwei Stimmen vernahm. Verstehen konnte sie nichts; es musste sich um Ausländer handeln. An den Stimmen hingen zwei Männer in Bergwandertracht, die sich langsam Heidis Naturbett näherten. Im ersten Moment war sie vor Schreck so gelähmt, dass sie gar nicht daran dachte, ihre Blößen zu bedecken. Erst als sie die zirka 40-Jährigen ansprachen, raffte sie notdürftig zusammen, was sie gerade in die Hände bekam.

„Hallo, süße Maid. Wir haben uns wohl verloofen. Können Sie uns vielleicht verraten, wie wir zu der Drosselhütte gelangen? Icke bin der Maik und komme aus Bahlin (schriftdeutsch: Berlin) und det hier ist der Olaf aus Gärtringen, een waschechter Schwabe, wa."

Nun mischte sich auch dieser Waschechte ein und bekannte: „Ha, du bisch awer a feschs Mädle, wie mer grad scho gseh hen. Doa kriecht mer ja richtig Appedit uff a Frühstücksfleich. Solle mir uns au ausziehe un a bissle zu dir lege?" Dabei grinsten die beiden Männer und nestelten schon an ihren Hemden herum.

„Mensch Olaf, wer hätte det jedacht, dat wir uff

unserer Wanderung ooch all inclusive geboten be-
kämen", begeisterte sich Maik, der schon dabei war,
auch seine Hose und den Slip abzustreifen. „Und
weit und breit keene Menschenseele."

Und nun bekam Heidi Dinge zu sehen, die ihr total fremd waren. Die beiden Männer betatschten die
Begriffsstutzige, streichelten sie und belustigt wunderte sie sich, dass die Hallodris sogar selbst geba-
stelte Lose zogen. Dass es dabei um sie ging, ahnte
sie nicht im Geringsten. Erst als sich Olaf über sie
beugte und sich bemühte, mit einem ihr völlig fremden Körperteil unter Schmerzen in sie zu dringen,
fing sie an zu schreien. Aber wer hätte sie in dieser
absolut menschenleeren Wildnis hören sollen? Die
Kühe fraßen in Ruhe weiter, lediglich die Olga be-
wies, dass ihre Verdauung bestens funktionierte.

„Mensch pass uff, dass dir det blöde Viech nich
dabei aufn Hintern kackt", meckerte Maik wiehernd
wie ein Indianerpony los.

„Du, Maik, die isch ja noch uschuldig. Wenn i des
mit meiner Alde dahoim vergleich.... Pass uff, Mädle,
glei lad i ab."

„Beeil dir jefälligst, du Schwabenrute, icke will
schließlich ooch noch druffhüpfen", drängte der Berliner und brachte sich nebenbei schon mal in Form.

Und so wurde die unschuldige Heidi an diesem
Vormittag von zwei sexuell ausgehungerten Männern mehrmals vergewaltigt. Am Anfang hatte sie
dies ja noch gar nicht als unangenehm empfunden.
Aber nun rammelten sie die Beiden buchstäblich
bis zur Bewusstlosigkeit. Als sie wieder aufwachte,
waren die ungebetenen Alm-Besucher spurlos ver-

schwunden; nur ihre unerträglichen Schmerzen und die blutigen Oberschenkel erinnerten sie an das Geschehene.

Aber was sollte sie tun? Hier oben gab es kein Telefon und ein Handy kannte sie nur vom Hörensagen. Zum Glück kam heute der Alm-Öhi zum Milchabholen und so fand sie dieser weinend und verletzt vor der Berghütte sitzend. Schluchzend erzählte sie ihm, was ihr passiert war.

Auf diese Weise verging wertvolle Zeit, denn bis der Großvater wieder im Tal war und den begriffsstutzigen Dorfpolizisten verständigte, waren die beiden Gewalt-Liebhaber bestimmt schon buchstäblich *über alle Berge.*

Der Kollege Zufall wollte es, dass ich – der Kriminaldirektor Stefan Baumann vom LKA Stuttgart – zusammen mit meinem Weibchen Sibel ein paar Relax-Tage fernab allem Trubel samt Luftverschmutzung in dieser herrlichen Natur gebucht hatte. Polizeimeister Waldburger, der als einziger Gesetzeshüter in Unterstdorf seines Amtes waltete, wusste von unserer Anwesenheit und suchte uns atemlos in unserer Pension „Zum Albabtrieb" auf. „Kollegen, ihr müsst mir helfen. So was ist bei uns noch nie passiert. A grausige Vergewaltigung droben auf der Alm. I glaubs net."

Auch wenn Sibel und ich hier absolut nicht zuständig waren, wollten wir den total überforderten Uniformträger nicht im Stich lassen. Das nächste Kripo-Revier befand sich in fünfzig Kilometer Entfernung. Da konnten wir ja gleich zwei von Sibels Kollegen aus Heilbronn zur Unterstützung anfordern. „Dem Klaus

Wegner und dem Schimanski tut die Luftveränderung ganz bestimmt auch gut", kicherte Sibel .

Gesagt, getan. Die Beamten des eigentlich zuständigen Reviers fühlten sich in keinster Weise übergangen und Dezernatsleiter Sepp Holdermüller von der Heilbronner Kripo-Direktion hatte auch nichts gegen die Abordnung seiner *wichtigsten Stützen* einzuwenden, zumal die Wilderer in seinem *Jagdrevier* momentan augenscheinlich auch einen befristeten *Betriebsurlaub* angetreten hatten.

Sibel und ich begrüßten die beiden sympathischen Kollegen mit einem fröhlichen „Treib ab!" Wir wiesen Klaus Wegner und Müller 2 gleich in ihre Aufgaben ein. Eigentlich konnte es doch nicht so schwierig sein, die zwei Übeltäter zu finden. Denn auch als Wanderer mussten sie irgendwo nachts ihre müden Glieder ins Bett oder ins Heu legen. Zumal ein Urlauber von nördlich der Mainlinie hier ganz bestimmt als Exot auffiel.

Wegner und Schimanski klapperten nach einem Begrüßungsschluck alle Pensionen in der näheren Umgebung ab und wurden auch bereits nach einer Stunde fündig. Ein Olaf Hämmerle und ein Maik Matzschke waren in der Herberge „Zur hinkenden Gams" abgestiegen. Im Quartett fuhren wir los und fanden zwei Touristen in Wanderkluft auf der Kneipenterrasse sitzen, wobei uns schon von weitem ein kräftiges Organ entgegenschmetterte „Det is die Bahliner Luft Luft Luft…"

Klaus Wegner trat auf die beiden zu und fragte scheinheilig: „Kennen Sie zufällig einen Herrn Maik Matzschke. Ich bin Beauftragter der Norddeutschen

Lottogesellschaft und habe ihm eine frohe Mitteilung zu machen."

„Maik Matzschke, det bin icke. Habe icke etwa im Lotto abgesahnt?"

„Sorry, mein Verehrtester. Aber Sie werden wohl demnächst anstatt der Berliner Luft für ein paar Jährchen gesiebte Luft atmen. Bitte begleiten Sie mich und meine Kollegen zum urigen Dorfknast. Womöglich haben Sie zu allem Unglück das arme Mädel auch noch geschwängert und sie kann nach dem Viehauftrieb im April schon vor dem Herbst auch noch einen Berliner Jung abtreiben. Drum merken Sie sich eines:

Lieb´ nie auf grasig Almen-Matte
ein Mädchen, das noch keinen hatte.
Denn hinterlässt du eine Spur
rückst du bald ein im Knast zur Kur."

Die so übel geschändete Heidi freundete sich bald intimer mit ihrem Cousin Hias an, der ganz froh war, nun nicht mehr auf seine Schafe angewiesen zu sein.

Wir vier aber feierten den raschen Fahndungserfolg in der *Hinkenden Gams* zusammen mit zahlreichen Dorfbewohnern. Und nach zehn Enzian-Schnäpsen nebst zugehörigem Bier machten wir uns voller Dankbarkeit daran, für die *Kastelruther Spatzen* einen neuen chartverdächtigen Song zu kreieren.

„Annelie, erhör mein Flehn"
Komponist: Korbinian Hadermacher (Dirigent der Unterstdorfer Stubenmusik)

Texter: Klaus Wegner
Für Gesangsstimme in Bariton (schmalzig)

Wo auf fernem Bergesgipfel
wieget sich der Tannen Wipfel.
Wo das Eis zum Tal sich taut
tönt vom Gletscher s´Echo laut:

Refrain: Annelie, erhör mein Flehn,
denn ich muss dich wiedersehn.
Sehne mich nach heißem Kuss,
den ich bald dir geben muss.

Wo des Adlers Flügelschlag
des Knäbleins Herz erschrecken mag,
träumt der Almhirt immerzu
und findet derweil keine Ruh`.

Annelie, erhör mein Flehn,
denn ich muss dich wiedersehn.
Sehne mich nach heißem Kuss,
den ich bald dir geben muss.

Die Sennerin wälzt sich im Bett,
denn sie find` den Ruedi nett.
An starker Schulter möcht` sie ruhn
und mit ihm ganz Liebes tun.

Annelie, erhör mein Flehn
Denn ich muss dich wiedersehn.
Sehne mich nach heißem Kuss,
den ich bald dir geben muss.

Ganz verwirrt ist schon sein Sinn,
denn vom Lotteriegewinn
kann er sich kaufen jetzt ein Rind
und nächstes Jahr möcht` er ein Kind.

Annelie, erhör mein Flehn,
denn ich muss dich wiedersehn.
Sehne mich nach heißem Kuss,
den ich bald dir geben muss.

Doch im Moment tät er nur dürfen
die Tränen bitt`rer Sehnsucht schlürfen.
Ihm bricht vor Lust gar bald das Herz
und er schreit in tiefem Schmerz:

Annelie, erhör mein Flehn,
denn ich muss dich wiedersehn.
Im Sommer werden wir uns lieben,
danach wird auf- und abgetrieben.

Sei gesalbt, Bruder!

Kennen Sie das auch? Montags keine Post, dienstags keine Post, mittwochs nur Werbung, aber donnerstags die geballte Ladung, dass es beinahe den Briefkasten zerreißt. Man kann sich also des Eindrucks nicht erwehren, dass wieder einmal *gesammelte Werke* eingetroffen sind. Die Freude über diese Häufung verschwindet schnell, wenn sie neben dem Umsatzsteuerbescheid des heiß geliebten Finanzamts auch noch eine Rechnung vom Zahnarzt in Höhe eines sechsmonatigen Karibik-Trips enthält. Als Begründung für eine solch konzentrierte Postzustellung kann man laut bösen Zungen auf der Webseite von DHL nachlesen, dass mit solcherlei gezielten Maßnahmen der CO_2-Ausstoß reduziert werden soll. Dem ist wohl nichts Intelligenteres hinzuzufügen.

Der unterste Brief meines Stapels ist am 13. August abgestempelt; er wurde also stolze acht Tage quer durch die deutschen Lande geschaukelt, bis er mich endlich zu Hause antraf. Man kann ja noch von Glück reden, dass die Briefmarke inzwischen nicht ihre Gültigkeit verloren hat.

„Frau Hella Häm-Börger, Privatdetektivin". Na, immerhin ist er in Hamburg gelandet und nicht etwa im bayerischen Ampermoching. Adresse von zittriger Hand geschrieben. Ich schätze, der Absender ist männlich und zirka neunundsechzig Jahre alt. Riecht nachhaltig nach Auftrag.

Ich werfe die Liebesbriefe von Finanzamt und Zahnklempner in einen bereits gut gefüllten Karton;

die *Auslosung* für die wohlgefällige Bearbeitung erfolgt einmal monatlich. Und dieser Termin ist erst wieder in neunundzwanzig Tagen.

Neugierig – wie blonde Menschen weiblichen Geschlechtes nun mal sind – reiße ich den Umschlag auf. Nach der Wohnanschrift des Absenders könnte es sogar ein Stalker sein. Gerade mal in Lohbrügge ansässig. Da hätte er seine Petschaft ja stark vereinfacht mit dem Fahrrad an mich zustellen können.

Das Gezittere setzt sich im Brief fort. Emanuel Datterer aus der Gorch Fock-Straße 398 schimpft sich mein Kunde in spe. Da er arbeitslos ist, habe er viel Zeit zum Lesen – falls ihm die Buchstaben wegen des Zitterns nicht zu sehr verrutschen. In der Werbung eines Fernseh-Programmheftchens las er von einer Kaffeefahrt in die Lüneburger Heide. Inklusive exklusiver Verpflegung, hochkarätigem Unterhaltungsprogramm und Teilnahme an einer Tombola (Hauptpreis ein halbes Schwein plus drei Tuben Löwen-Senf *extra*). Nebenbei würden bei der Veranstaltung auch medizinische Hilfsmittel für Senioren und solche, die es werden wollen, angeboten.

Doch nun zurück zu Emanuel Datterers Anliegen. Bevor er praktisch über Nacht das Zittern bekam, sei er Elektriker gewesen. Durch sein Handicap schloss er aber immer öfter die stromführenden Drähte falsch an, sodass sich die Zahl der Kunden mittels erlittener Stromschläge drastisch reduzierte. Daraufhin setzte ihn sein Oberstromer vor die Tür.

Er sah daher die wie Sauerbier angepriesene Verkaufsveranstaltung als Rettungsanker für seine Erkrankung. Die Aasgeier hätten sich dort auch rührend um ihn bemüht. Rein zufällig hätten sie eine Salbe dabei, die ihn in kürzester Zeit von seinem Leiden befreie. Viele bekannte Politiker, die um ihre Wiederwahl zittern und auch vor Torangst zitternde Spitzenfußballer aus der Bundesliga seien bereits mit diesem Wundermittel geheilt worden. Da dieses im Doppelpack günstiger war, erwarb er gleich zwei Tuben zum einmaligen Schnäppchenpreis von 398 Euro.

Obwohl er die Salbe genau nach Gebrauchsanleitung anwende, stelle sich keine Besserung ein. Im Gegenteil – das Zittern hätte sich noch verschlimmert. Sein abendliches Gläschen Wein müsse er inzwischen mit dem Strohhalm schlürfen, beim Zähneputzen verletze er sich regelmäßig mit der Zahnbürste am Auge und nach der Nassrasur werde er auf der Straße angesprochen, ob er in eine Schlägerei geraten sei. Telefonieren könne er auch nicht mehr, weil er meistens drei Zahlen auf einmal wähle. Er sei verzweifelt, habe bereits drei erfolglose Suizidversuche unternommen und wende sich als letzte Hoffnung an mich. Diesen Betrügern müsse endlich das Handwerk gelegt werden; außerdem möchte er bitteschön sein karges Geld zurück haben.

Er schloss seinen Brief mit der Grußformel *Mit grässlichen Flüchen,* was aber wohl eher *Mit herzlichen Grüßen* heißen sollte. Bei seinem Händezittern, was zum Glück nichts mit Parkinson zu tun hatte, durchaus nachvollziehbar. Dem Manne musste wirklich geholfen werden.

Ich sattelte meinen kleinen Kuschelsmart und schlich mich zu seiner Wohnung, denn einen erneuten Postzustellungsversuch wollte ich Herrn Datterer und mir ersparen. Schließlich hatte er bereits einen untauglichen Suizidversuch unternommen, weil ich mich nicht gemeldet hatte. Vor lauter Freude über mein Erscheinen fielen ihm gleich drei Kaffeetassen aus der Hand. Beim vierten Versuch klappte es jedoch ohne Probleme. Ich versprach ihm zu helfen und dieser Salben-Bande das miese Kaffeefahren zu verleiden. Begeistert drückte er mir zum Abschied die Hand, wodurch mein kompletter rechter Arm bis zur Schulter wie auf der Massagebank durchgerüttelt wurde.

Ich hatte Glück. Bereits in drei Tagen sollte eine neue Kaffeefahrt starten. Spontan meldete ich mich an, wobei ich meine Altersangabe „aus Versehen" unterdrückte. Aber mit Teilnehmern meines U 70-Jahrgangs wird wohl bei Events dieser Art sowieso nicht gerechnet.

Alles verlief nach Plan. Ein auf den ersten Blick gut situierter Mitarbeiter des *Berater-Stabes* wurde als Herr Dr. Wohldurchdacht vorgestellt. Als ich mich zu ihm vordrängelte, mich vorstellte und ihm schilderte, dass ich an schlimmen Migräneanfällen leide, schloss er mich liebevoll tröstend in seine Fangarme. „Selbstverständlich kann ich Ihnen helfen, liebste Frau Häm-Börger. Zu was bin ich schließlich Arzt? Ich habe da eine Salbe - basierend auf den reinen Gaben der Natur - . Reiben Sie diese dreimal täglich auf Ihre Stirn und Sie werden bereits nach zwei Tagen absolut beschwerdefrei sein. Im Doppelpack zahlen Sie hier und heute nur 398 Euro. Es ist ein absoluter Schnäppchenpreis. Nur für Sie, weil Sie eine solch überaus attraktive und charmante Frau sind. Dabei verdrehte er die Augen wie ein Rehbock nach dem Fangschuss. Natürlich wirkte meine Kaufentschlossenheit ansteckend und mal ehrlich, welchen Rentner zwickt es nicht dauernd hier und überall? Die Geld- und Einkaufsbeutel wurden bereitwillig gezückt und die Wundersalben wechselten in Massen die Besitzer.

Der Zeitpunkt für meinen Einsatz war gekommen. Ich erhaschte das Mikrofon, schaltete es auf *Turbo* und erhob meine empörte Stimme: „So, meine Herrschaften. Nun aber Schluss mit der Vorstellung!" Ich wedelte mit meinem Ausweis, nannte meine wahre Identität und wählte mit der Linken gleichzeitig die Nummer des nächsten Polizeireviers. „Die Massen-Salbung hat ein Ende. Bevor unsere Freunde und Helfer eintreffen, dürfen Sie mir schon mal die verauslagten 398 Euro für meinen Mandanten Emanuel Datterer erstatten. Und es macht bestimmt einen guten Eindruck, wenn ihr Quacksalber auch die anderen Tuben mit der Wunderheilsalbe wieder als Zeichen der Reue gegen sofortige Kostenerstattung zurück nehmt."

Der Oberkaffeefahrtveranstalter bemühte sich nach Kräften, mir das Mikrofon wieder zu entreißen. Da ich es aber tief in den Ausschnitt versenkt hatte, verbrannte er sich heftig die Finger. Den letzten Mut raubten ihm meinen Beteuerungen, dass ich Schwarzgürtelträgerin im Karate sei. Er holte demütig wie ein erwischter Wüstensohn nach fünfzig Peitschenhieben auf die nackten Fußsohlen sein prall gefülltes Geldtäschchen herbei und zahlte anstandslos alle übers Ohr gehauenen Senioren wieder aus. Diese würden wohl weiterhin auf ihre preiswertere Salben-Variante aus der Drogerie vertrauen.

Den Event-Managern gab ich zum Trost noch ein kostenloses Bonmot aus meiner Sammlung mit: „Vielleicht erbarmt sich ja auch RTL eures angeblichen Herrn Doktors mit einer neuen Serie ´Ich hock im Knast – holt mich hier raus!` Auf jeden Fall wird er aber wohl selbst eine gute Salbe benötigen: Gegen Hämorrhoiden vom langen *Sitzen!*"

Sterbe mit mir in den Morgen

„Steff, du musst sofort herkommen", dröhnte Kriminalhauptkommissar Josef Holdermüllers Organ aus dem Hörer, dass ich um mein Trommelfell fürchten musste. „Deine Spürnase und dein Adlerauge sind mal wieder gefragt. Mit deinem Chef habe ich bereits gesprochen. Wir sind in Gundelsheim in der Geierstraße 17. Und bringe die Gummistiefel mit. Wir waten hier bis zu den Knöcheln im Blut."

Mein lieber Spezi Sepp Holdermüller, mit dem mich seit der Höheren Polizeischule eine enge Freundschaft verbindet, musste wirklich tief im Sumpf stecken, wenn er die Hilfe eines Kriminaldirektors vom Landeskriminalamt anforderte. Aber wir hatten in der Tat bereits einige knifflige Kriminalfälle zusammen gelöst, an denen andere wohl verzweifelt wären.

Mein Ferrari-Verschnitt brachte mich in rekordverdächtigen achtundsiebzig Minuten ans Ziel. Wie überall erkannte man auch hier den Tatort von weitem schon an der Menschenmenge, die hinter dem rot-weißen Absperrband aufgeregt diskutierte. Kriminalhauptmeisterin Sibel Baumann, mein seit kurzem offiziell angetrautes Weibchen, erwartete mich bereits und führte mich ins Haus. „Unten im Hobbyraum. Kein schöner Anblick, Steff. Auch nicht für hartgesottene Kriminaler. Und tritt bitte nicht auf die Fußspuren."

„Raimund Anderthaler, 47, verheiratet, keine Kinder, Steuerklasse 3", empfing mich der Dezernatsleiter der Kripo-Direktion Heilbronn reichlich angefressen. Der Anblick des Opfers war wirklich nichts auf nüchternen Magen. Nackt, mit beiden Händen an Wandhaken aufgehängt. Vom Bauchnabel abwärts war der Unterleib aufgetrennt und seine ehemals männlichen Symbole fehlten völlig. Eine riesige Blutlache hatte sich unter der Leiche ausgebreitet. Das reinste Schlachtfest!

„Sieht ganz nach einer Eifersuchtstat aus. Seine Frau hat ihn gefunden. Der Doc hat ihr ein Beruhigungsmittel gegeben. Angeblich hat ihr Göttergatte zusammen mit ihrer besten Freundin einen Tanzkurs für Fortgeschrittene besucht. Vielleicht ist es ja nicht beim Walzer-Grundschritt geblieben und das Paar hat sich anschließend noch im Bett fortgewälzt", weihte mich Kriminalmeister Klaus Wegner in die bisherigen Erkenntnisse ein. „Und man kennt ja die ewig neue alte Geschichte: Ehemann kommt zu früh vom Stammtisch nach Hause…"

„Wir haben die flotte Tanzpartnerin hier. Darf ich vorstellen: Mary-Ann Hintermbusch. Sie hat auch bereits zugegeben, dass sie mit dem Verblichenen ein Techtelmechtel hatte und dass sie vor ein paar Tagen von ihrem Mann in flagranti erwischt wurden. Allerdings ist dieser spurlos verschwunden", ergänzte Kollege Holdermüller.

Die fortgeschrittene Tänzerin weinte bitterlich vor sich hin. „Ich kann es nicht glauben, dass mein Hajo zu so etwas fähig sein soll. Er hat ja auch nie etwas gesagt. Wegen dem bisschen Sex den Raimund einfach abzumurksen. Ein bisschen Spaß will man doch schließlich auch noch haben. Das kannst du doch am besten verstehen, Rita", wandte sie sich an ihre intimste Freundin. „Du hast es doch auch mit anderen Kerlen getrieben, wenn dein Raimund auf Schicht war."

Das waren ja schöne Abgründe, die sich da auftaten. „Da kannst du sehen, was passiert, wenn man fremdgeht", warnte mich Kollegin und Ehefrau Sibel. „Keine Sorge", entgegnete ich, „bei dir bin ich 200-prozentig ausgelastet."

„Selbstmord würde ich im vorliegenden Fall ausschließen", meinte unser unermüdlicher Witzbold-Kriminalmeister Wegner. „Wir haben auch weder ein Schlachtermesser noch eine Schere oder einen Spiegel vorgefunden. Zumal wir uns ja im Hobbyraum befinden. Und da macht man ja in der Regel nur Dinge, die richtig Spaß machen."

„Bitte treten Sie nicht auf die Fußspuren, Herr Baumann", warnte mich der Kollege von der Spurensicherung.

„Steff, hast du so etwas schon mal gesehen? Da ist doch tatsächlich jemand – höchstwahrscheinlich der Täter - mit seinen Schuhen mitten durch die Blutlache gestapft. Und mir scheint es fast, als wollte er damit eine Botschaft hinterlassen", schüttelte Sepp Holdermüller ratlos den Kopf.

„Leute, ich glaube, ich hab´s", frohlockte Sibel. „Die Spuren stellen eine Tanzfigur dar. Das ist ganz klar die Promenade beim Tango. Komm in meine Arme Steff und wir zeigen euch, wie das in natura aussieht. Ohne Blut natürlich! Auf geht´s. Langsam-schnell-schnell-langsam! Der reinste Kriminal-Tango."

„Mensch Sibel, du bist ein Ass! Manchmal kann

man tatsächlich sogar von euch Frauen auch etwas lernen. Hätte ich bloß damals den Tanzkurs wegen meinem Meniskusschaden nicht abgebrochen." Wenn sich KHK Holdermüller zu einem solchen Lob hinreißen ließ, kam das schon fast einer Beförderung gleich.

Hajo Hintermbusch hatte uns doch tatsächlich sein Geständnis per Tango-Promenade frei Haus geliefert. Und einen Tag später verständigte uns die Polizei Augsburg, dass ein Mann dieses Namens in seinem Wagen mit hoher Geschwindigkeit gegen einen Brückenpfeiler gefahren war. Als man ihn fand, habe der auf wundersame Weise unzerstört gebliebene CD-Player den Tango-Ohrwurm *Tanze mit mir in den Morgen gespielt.*

Enkel August hat Migräne

Fjodor Iljitsch Strauß ist Hartz IV-Empfänger und muss sein kärgliches Einkommen zum Auskommen gelegentlich mit unwiderruflichen Sonderaktionen etwas aufbessern. Geradezu ein Almosen für einen Mann mit seinen Fähigkeiten! Seit Tagen hatte er bereits viel Zeit darin investiert, die Gewohnheiten einer älteren Dame inklusive exklusiver Villa mit Park sowie Jaguar und BMW Cabrio in der Doppelgarage auszukundschaften. Rosalinda Meyer, wohnhaft Schlossallee 2, geschätzte neunundsiebzig Jahre alt und dito geschätztes Sparguthaben 235.870 Euro, reich verwitwet, gehbehindert.

Und so hatte er diese Lady im Terminkalender als nächstes *Objekt* wie folgt vermerkt:

Dienstag, 06.06. „Omi Rosali" anrufen, danach persönlich aufsuchen und alles erledigen!

Kfz-Steuer überweisen!

Date mit Lilly ausmachen und evtl. Tisch bestellen!

Es war höchste Zeit für ein kleines Zubrot, denn die Kfz-Steuer für sein *Dienstfahrzeug*, einen mickrigen Audi S 8 quattro, war bereits überfällig. Und die rote Lilly von der mindestens genauso roten Meile wollte er auch mal wieder zu einem bescheidenen Imbiss beim 3-Sterne-Franzosen ausführen.

Und so meldete sich an diesem bisher noch völlig unschuldigen Dienstagmorgen im Juni um 10.37 Uhr das antike Telefon bei besagter Witwe, die sich an einer Southic-Walking-Krücke in Richtung des Klingeltones fortbewegte.

„Guten Morgen, liebe Omi Rosalinda, hier ist dein Lieblingsenkel August. Was macht die Gesundheit? Meine Migräne ist leider inzwischen so stark, dass ich sie in einer Spezialklinik auf Kuba behandeln lassen muss. Dazu fehlt mir im Moment das Geld, worum ich dich ganz dringend bitten muss. Ich habe gerade noch das letzte Flugticket ergattert. Kannst du mir etwas Taschengeld leihen? Ich hatte an 25.000 Euro gedacht. Ich schwöre dir beim Leben meiner Katze, dass du es ganz bestimmt zurückbekommst." Diese Anmerkung schien ihm höchst wirksam, denn ältere Frauen hängen bekanntlich sehr an dieser Tiergattung.

Fjodor alias August setzte noch ein schmerzhaftes Stöhnen als Zugabe obendrauf und klopfte sich selbst ob seiner überzeugenden Darbietung auf die Schulter.

„Du armer Junge, ich kann mich zwar nicht an dich erinnern. Aber das soll in meinem Alter ja nichts heißen und natürlich helfe ich dir, wenn du solche Schmerzen hast. Du musst das Geld aber leider selbst bei der Sparkasse abheben, weil ich doch kaum noch gehen kann."

„Überhaupt kein Problem, allerliebste Omi. Ich komme dann gleich bei dir vorbei."

Da *Enkel August* nur eine Straße von der Villa entfernt geparkt hatte, läutete er bereits wenige Minuten später an Rosalindas vergoldeter Haustüre.

Fjodor Iljitsch Strauß hatte im Hinblick auf den

geplanten Hinrichtungstermin vorsorglich sein Fitness-Studio aufgesucht, um durch spezielles Training seine Arm- und Handmuskulatur für diesen konkreten Anlass zu stählen. Schließlich wollte er sich ja keine Sehnenscheidenentzündung oder einen Tennisarm durch Überanstrengung holen. Und gleich anschließend würde er sich eine Erholungswoche in der Karibik gönnen. Sollten sich in der Zwischenzeit doch ruhig die *Bullen* ihre Hörner abstoßen.

Und genau das taten diese dann auch. Denn erst nach drei Tagen fiel dem Gärtner Buschhauer auf, dass der Briefkasten der netten und immer freundlichen Frau Meyer überquoll. Sie holte sonst pünktlich wie eine Perpendikel-Standuhr ihre Zeitung aus dem Briefkasten. Und da sie sich auch nicht zu einer Kur in Baden-Baden abgemeldet hatte, war hier offensichtlich irgendetwas faul im Staate Dänemark. Zumal sie auf sein Klingeln auch nicht geöffnet hatte.

Faul war hier exakt der richtige Ausdruck. Denn als der vom Gärtner alarmierte Sepp Holdermüller vom Mord- und Totschlag-Dezernat mit seiner Mannschaft anrückte, rochen diese bereits im Treppenhaus den Braten. „Kollegen, mir stinkt´s!" konnte sich Kriminalmeister Klaus Wegner mal wieder nicht verkneifen. Und als sie die Wohnungstüre öffnen ließen, umarmten sie auch tatsächlich die typischen Düfte einer Leichenhalle nebst Inhalt bei 30 Grad Sommerhitze und ausgefallener Kühlanlage.

Frau Meyer saß auf dem Sofa. Keine Spuren eines Kampfes. Keine Tatwaffe. Auf Anhieb keine äußerlich sichtbaren Verletzungen. Lediglich ihre Augäpfel waren weit herausgetreten und die Zunge hing aus dem

Mund wie bei einem Tour de France-Teilnehmer auf den letzten Kilometern nach Alpe d`Huez. Niemand hatte die Wohnung durchwühlt. Alle Schubladen befanden sich noch an ihrem Platz.

Der Gerichtsmediziner „Doc" Kleppermann meinte aufgrund seiner ersten flüchtigen Untersuchung: „Keine Anzeichen für Suizid. Auch wenn ich keine Würgemale feststellen kann, wette ich mein halbes Monatsgehalt darauf, dass der Lady beidhändig der Sauerstoffhahn zugedreht wurde. Alles Weitere wie gewohnt erst nach der Obduktion."

„Warum bin ich nicht auch Medizinmann geworden?" fluchte der Hauptkommissar. „Wer geht denn in ´ne fremde Wohnung, dreht einer Greisin mir nichts dir nichts den faltigen Hals um und verschwindet, ohne ihre Zuckerdose oder die Schmuckschatulle geleert zu haben?" Er wollte sich die Haare raufen, aber haben Sie dies schon mal mit exakt achtzehn rechtsgescheitelten Exemplaren versucht?

„Chef", meldete sich Kriminalhauptmeisterin Sibel Baumann zu Wort. „Unter dem Couchtisch lag dieses Sparbuch; ausgestellt auf Rosalinda Meyer. Vor drei Tagen wurden hiervon 25.000 Euro abgehoben. Das Guthaben betrug danach immer noch stolze 210.000 Euro. „

„Oh, für 235.000 Eier würde ich mich auch mal ein bisschen würgen lassen. Ausnahmsweise sogar von dir", gab Wegner seinen Satire-Kommentar ab. „Man kann jedenfalls behaupten, dass diese Frau Meyer mit `ey` diesmal nicht den längeren Atem hatte."

Der vermeintliche Enkel August lag zu diesem Zeitpunkt – eingerahmt von zwei glutäugigen Schönen -

bereits am Strand von Havanna und ließ sich seinen Kultbody von der kubanischen Sonne bestrahlen. So ließ sich das Leben fernab vom öden Old Germany ganz gut ertragen. Und als ordentlicher und gewissenhafter Mensch hatte er in seinem Terminkalender den folgenden Erledigungs-Vermerk angebracht:

Gewünschten Betrag erhalten!

Kfz-Steuer bezahlt!

Ticket für Rückflug in fünf Wochen buchen!

Ein kapitaler Fisch am Haken oder: Keine Blüten im Dezember

Jedem Mitglied des Angelsportvereins „Hohendeich von 1924 e.V." war ein Abschnitt von rund einhundert Metern Länge an der idyllischen Doove-Elbe zugewiesen worden.

Auch Gregor Wurmbader aus Hamburg-Bergedorf verbrachte dort fast jede freie Minute. Weniger, um Grätentiere unterschiedlicher Gattung auf den heimischen Teller zu bringen als vielmehr zum Relaxen nach einem stressigen Arbeitstag. Und auch an den Wochenenden waren die Flusskrauler nicht vor seinen verlockenden Leckerbissen am Angelhaken sicher.

So auch an diesem frostig-kalten Samstagmorgen im Dezember. Ringsum nur Ruhe. Kein Autolärm, keine Abgase, keine *atemlose* Helene Fischer aus wummernden Boxen. Lediglich ein Graureiher zog in der Nähe seine Kreise und wachte wohl eifersüchtig darüber, dass der einsame Rutenhalter seine eigentlich ihm zustehende Nahrung nicht zu sehr reduzierte.

Die Ausbeute von Gregor Wurmbader war - schonend ausgedrückt - äußerst bescheiden. Zwei Schleien im Teenie-Alter, die er vor lauter Mitleid wieder in die freie Flussbahn entließ, weil sie kaum die Größe von Ölsardinen erreichten. Dabei hatte er doch heute früh im Bergedorfer Angel-Centrum extra eine *Premium-Wurmauslese* als Wochenend-Köder eingekauft. Anscheinend wurden aber auch die Flussbewohner immer anspruchsvoller. Er legte die Angelrute frustriert auf einer Astgabel ab und enthüllte sein Frühstücksbrötchen.

Doch im nächsten Moment sank der Schwimmer unter und die Rute wäre im Gewässer abgetaucht, hätte er sie nicht noch im letzten Moment an sich gerissen. Er hielt sie hoch und kurbelte erwartungsvoll an der Schnurrolle. Mein lieber Vater, dem Gewicht nach musste ja ein Dino von Fisch am Haken hängen. Behutsam, dass ihm der Fang nicht noch im letzten Augenblick wieder entfloh, zog er die Schnur ein. Doch man stelle sich sein Erstaunen vor, als er anstelle eines Kiemen-Prachtexemplars einen schwarzen Aktenkoffer an Land zog.

Fluchend löste Gregor Wurmbader seinen „Fang" vom Haken. `Sämtlichen Müll entsorgen die Leute in den Flüssen`, knurrte er. `Kein Wunder, wenn das Gleichgewicht der Natur allmählich vor die Hunde geht.` Neugierig öffnete er den Koffer und glaubte seinen Augen nicht zu trauen, als ihm ganze Bündel nagelneuer und klitschnasser Hundert-Euro-Scheine ins Auge stachen. Donnerwetter, das mussten ja grob überschlagen Zehntausende sein. Dafür müsste ein Lohnbuchhalter der Buchstaben G bis L ganz schön lange malochen. Vorsichtig blickte er sich um. Aber außer den Fischen, die ihm nicht auf den Wurm gegangen waren und dem Pleitegeier, der immer noch die Sonne verdunkelte, war weit und breit niemand zu sehen.

Angelfreund Wurmbader stopfte hastig die Hunnies in seinen Rucksack, packte seine Utensilien zusammen und schwang sich auf sein Fahrrad. Wie sollte er sich verhalten? Musste er die Beute der Polizei melden? Kein Mensch wusste von seinem Angelerfolg. Andererseits: Irgendetwas war oberfaul an der Geschichte. Denn normalerweise gehören solche Summen ordentlich auf ein Bankkonto eingezahlt und nicht im Wasser gebunkert. Er könnte ja mal vorsichtshalber einen Privatschnüffler um Rat fragen. Die sind zur Diskretion verpflichtet und hängen nicht gleich alles an die große Glocke.

Zu Hause angekommen, zitterte sein rechter Zeigefinger aufgeregt über die betreffenden *Gelben Seiten* und blieb rein zufällig bei einer *Detektei Hella Häm-Börger* hängen. Und so kam ich ins Spiel.

Ich muss gestehen, dass mir ein solcher Fall auch bisher noch nicht untergekommen war. Aber schließlich bin ich offen für alles und vielleicht winkte mir ja eine saftige „Gewinnbeteiligung".

Als mich Gregor Wurmbader in seiner bescheidenen Bleibe empfing, hatte er bereits an einer Wäscheleine zahlreiche Scheine zum Trocknen aufgehängt. Verdächtig schien mir, dass sie allesamt recht neu und ungebraucht aussahen. Die fortlaufende Nummerierung verstärkte meinen Verdacht. Banküberfall? Überfall auf einen Geldtransporter?

Ich beschloss, auf Nummer sicher zu gehen. Ich lieh mir willkürlich einen Blauen aus der Sammlung und ging zur nächsten Filiale der Deutschen Bank, um ihn in kleine Scheine zu wechseln. Der Kassier zog den Hunderter routinemäßig durch sein Röntgengerät und eröffnete mir schonungslos, dass dieser Schein nicht echt sei. Es nützte auch nichts, dass ich ihm versicherte, ich hätte ihn beim Poker in der Spielbank gewonnen. Der Filialleiter bestand darauf, das Betrugsdezernat zu verständigen.

„Ja, wen haben wir denn da?", begrüßte mich Kriminalrat Blaufenchel mit einem schadenfrohen Grinsen. „Unsere ebenso langmähnige wie kurzberockte Schnüfflertante Hella Häm-Börger. Ausnahmsweise mal die Nacht in der eigenen Wohnung verbracht und nebenbei bunte Hunnies gedruckt? Selbst du solltest eigentlich wissen, dass es im Dezember keine Blüten gibt."

Zärtlich setzte ich meinen rechten Stöckelschuh-Absatz zwischen seine Fußzehen Nummer zwei und drei und ließ ihn unter feurigem Sologesang einen heißen Lambada-Grundschritt drehen.

„Mensch Edgar, hältst du mich für so blöde, dass ich mit einem *Falschen* ausgerechnet zur Bank marschiere?" blaffte ich. „Aber ich habe einen Klienten, der hat einen ganzen Koffer voll davon auf der Leine hängen. Hat ihn statt einem flotten Hecht beim Angeln aus unserem idyllischen Flüsschen gezogen."

„Willst du mich verarschen, Blondy? Aber okay, lass uns hinfahren. Und wenn sich herausstellen sollte, dass die Schein-Nummern tatsächlich zweimal existieren, dann hätte dieser ehrliche Kabeljaufischer für uns einen dicken Fisch an Land gezogen. Wir sind nämlich seit Monaten einer gut organisierten Geldfälscherbande im Großraum Hamburg auf der Spur. Wie es aussieht, haben die Ganoven ihre Scheinchen im Fluss gebunkert. Wäre doch mal was ganz Originelles. Ich werde jedenfalls die Umgebung der Angelstelle von diesem Wurmbader von unseren Tauchern absuchen lassen. Vielleicht lagern dort noch mehr Köfferchen. Und dann legen wir uns auf die Lauer."

Tatsächlich wateten drei Nächte später zwei Männer mit eindeutig osteuropäischem Akzent zielstrebig entlang des Angelplatzes meines Klienten und erschienen wieder mit einem Kunststoff-Aktenkoffer. Als die Scheinwerfer angingen, versuchten sie zu flüchten. Aber Kriminalrat Blaufenchel hatte reichlich Beamte zum fröhlichen Gangster-Angeln eingeteilt und so hatten sie die beiden Ukrainer schnell am Haken.

„Schnüffler-Tante, du hast was gut bei mir", balzte der Leiter des Betrugs-Dezernats. „Ich lade dich zu einer delikaten Currywurst mit Pommes ein. Und bezahlen werde ich mit einem *blütenreinen* Hunderter."

Hallo Taxi!

Gaby Buschmann erschien pünktlich kurz vor Mitternacht in der Taxizentrale, um ihre Nachtschicht anzutreten. Die hübsche vierundzwanzigjährige Studentin half gelegentlich aus, wenn Not am Mann war. Und während des Heilbronner Weindorfs war nun mal absolute *Hochzeit.*

Sie hatte an diesem Samstagabend kaum ihren Standplatz erreicht, als auch schon drei junge Männer um die Dreißig zielbewusst ihren Daimler 230 ansteuerten. „Hallo, schöne Frau, ist bei Ihnen noch Platz für sechs Pizzen und drei Flaschen Weißherbst?" fragte der eine noch halbwegs verständlich, während seine beiden Begleiter nur leicht verblödet vor sich hin brabbelten. Einer davon war unverkennbar türkischen Geblüts. Anscheinend hatte er es aber mit dem von seinem Glauben auferlegten Alkoholverbot nicht so genau genommen. „Wir müssten dringend nach Neckarsulm-Amorbach zu einer geilen Partysause."

„No problem", antwortete Gaby Buschmann, während sie die Uhr einstellte. „Aber kotzt mir bloß nicht meinen Sternträger voll!"

Die Fahrt verlief reibungslos, bis an der eigentlichen Abzweigung zum genannten Fahrtziel der Wortführer sie in Richtung Plattenwald-Klinik umdirigierte. „Wir müssen vorher noch schnell im Wohnheim ein allerliebstes Krankenschwesterlein abholen, das jetzt Feierabend hat und sich mit uns zur Party wagt."

Auf Höhe des Waldes befahl ihr der Mann jedoch

plötzlich mit gar nicht mehr so freundlicher Stimme: „Langsam jetzt und dann rechts rein in den Waldweg". Seine Worte unterstützte er nachdrücklich mit einer Pistole, deren kalten Lauf er gegen ihren Hals drückte.

„Verdammt! Muss das ausgerechnet mir passieren", dachte die junge Fahrerin. Aber was blieb ihr anderes übrig, als der Aufforderung des rüden Fahrgastes zu folgen. Schließlich hatte sie noch ihr ganzes Leben vor sich. Zu ihrem eigenen Erstaunen blieb sie jedoch relativ gelassen, was bestimmt auch auf den Selbstverteidigungskurs zurückzuführen war, den sie vor kurzem absolviert hatte.

„Stopp und Licht aus!" Nun waren auch die beiden anderen Fahrgäste aus ihrer Alkoholstarre erwacht. „Wenn du dich ruhig verhältst, lassen wir dich laufen. Obwohl man bei deinem Anblick durchaus auf sündige Gedanken kommen könnte", grinste der Türkischstämmige. „Jetzt liefere mal schön dein Geldtäschchen ab und damit du nicht auf die blöde Idee kommst, die Bullen anzufunken, schenkst du uns am besten auch dein Handy."

„Was, ist das alles. Die paar Kröten?" motzte der Anführer des Trios, als er einen Blick in die Geldbörse geworfen hatte. „Na klar", antwortete Gaby. „Bisher nur Wechselgeld. Ihr seid meine erste Fuhre."

„Okay, dann leihen wir uns eben deinen hübschen Daimler aus. Mann, die Tussis werden Augen machen, wenn wir damit anrollen. Los, steig aus! Ein kleiner Fußmarsch in der lauen Waldluft hält dich fit. Aber einen kleinen Spaß möchten wir uns schon noch gönnen. Zieh deine Klamotten aus und wirf sie her. Nach zweihundert Metern erreichst du ja wieder die Straße. Ich bin sicher, dass gleich der erste Driver eine Vollbremsung macht, um eine nackte *Anhalterin* aufzugabeln. Vielleicht erlebst du ja auf diese Weise als Zugabe noch eine geile Nacht."

Der flotte Dreier wollte sich vor Lachen ausschütten. Die Jungs wendeten das Auto auf dem schmalen Weg und brausten in einer Staubwolke davon. Sie hatten Gaby Buschmann außer dem Wechselgeld und den Klamotten auch beide Handys abgenommen. Die Studentin hatte nämlich zur Sicherheit stets noch ein zweites Mobilfunktelefon in der Hosentasche versteckt. Aber einer nackten Frau kann man nun mal nicht in die Tasche fassen. Dazu Ausweis, Führerschein – alles futsch!

Doch sie hatte Glück im Unglück. Kaum stand sie im Evaskostüm an der Straße, bremste auch schon ein PKW. Ein Arzt, der bei der Plattenwald-Klinik wohnt und auf der Rückfahrt von einem Familientreffen war. Als ihm Gaby in kurzen Worten von dem Überfall berichtete und er ihr eine wärmende Decke umgehängt hatte, rief er sofort beim Neckarsulmer Polizeirevier an. Die Beamten veranlassten sofort eine Ringfahndung; schließlich war das Autokennzeichen ja bekannt. Überhaupt wunderten sich die Beamten über die Sorglosigkeit der drei jungen Barden. Sie mussten doch annehmen, dass sie von ihrem Opfer wiedererkannt würden. Deshalb liefen solche Überfälle an einsamen Stellen meist nicht so harmlos ab. Und immerhin handelte es sich um einen bewaffneten Raub, also ein Verbrechen, das nicht mit ein paar Wochenenden Sozialarbeit abgetan ist. Eigentlich konnte man diese Vorgehensweise nur auf ihren erheblichen Alkoholpegel zurückführen. Gaby konnte inzwischen auch die Taxizentrale verständigen, wo sich sofort ein paar der Fahrer anboten, die Polizei bei ihrer Suche nach den Tätern zu unterstützen.

Bei solchen Delikten ist das Dezernat Gewaltverbrechen der Kripo-Direktion zuständig. Drei der diensthabenden Beamten starteten sofort mit Martinsgetöse Richtung Neckarsulmer Dienststelle, wo sie Gaby Buschmann befragen konnten. Eine Kollegin hatte sie zwischenzeitlich notdürftig eingekleidet. Die Fahndung der eingesetzten Streifen war bereits nach zehn Minuten erfolgreich. Um diese Uhrzeit befinden sich nun mal die meisten braven Bürger entweder vor der Glotze oder bereits im Bett, sodass sich die Zahl der Nachtschwärmer in Grenzen hielt. Im Wohngebiet Amorbach fanden die Beamten vor einem Mehrfamilienhaus das gesuchte Fahrzeug. Aus geöffneten Fenstern dröhnten ihnen heiße Salsa-Rhythmen entgegen, sodass sich die dazugehörige Wohnung leicht orten ließ. Sie mussten nur noch bei besagter Ludmilla Dobruschkowa klingeln und nach den *Eigentümern* eines silberfarbenen Daimlers mit dem Kennzeichen HN-T 1991 fragen.

Die drei reichlich *angeheiterten* Tatverdächtigen wurden ohne Aufhebens in die blaue Minna verfrachtet. Auf dem Revier konnte sie die überfallende Taxilenkerin einwandfrei identifizieren. „Na Jungs", lächelte sie erleichtert. „So schnell sieht man sich also wieder. Wirklich schade für euch, dass die Daimler-Rallye so kurz ausgefallen ist. Aber es bewahrheiten sich wieder einmal die alten Sprichwörter *Wer zuletzt lacht, lacht am besten!* oder *Ehrlich fährt am längsten!* Dabei hattet ihr ja noch großes Glück, dass ihr nicht meinen Fahrerkollegen in die Hände gefallen seid. Die reagieren nämlich wesentlich empfindlicher, wenn eines ihrer Taxis überfallen wird."

Bei der Durchsuchung des Fahrzeuges war inzwischen auch im Handschuhfach die Waffe gefunden worden. Eine Schreckschusspistole, aber wer lässt sich in einer solchen Bedrohungssituation schon auf eine Kostprobe ein?

Die drei Festgenommenen wurden einer obligatorischen Leibesvisitation durch die Kripobeamten unterzogen. Und sie wurden schlagartig nüchtern, als Kriminalhauptmeister Wegner anschließend schadenfroh grinsend verkündete: „Eure Rechnung wird ja immer höher, Jungs. Beim Griff in die Unterhose eures Saufkumpans Ali Buzudoglu haben wir erstaunlicherweise mehr vorgefunden, als sich dort normalerweise aufzuhalten pflegt. Nämlich drei allerliebste Tütchen mit verdächtig weißem *Schnupftabak*. Ihr wolltet wohl die Partymäuschen ein wenig antörnen, was? Aber eines kann ich euch jetzt schon verraten: Eure Party im Knast wird bestimmt etwas länger ausfallen, als ihr euch das erträumt habt. Und bei euren künftigen *Hofrunden* wird sich vielleicht bei euch die Erkenntnis einschleichen, dass man in bestimmten Situationen unter dem Strich doch billiger davonkommt, wenn man zu Fuß geht.

Eine Kreuzfahrt, die ist lustig...

Schon vor Jahren hatte ich, Kriminaldirektor Stefan Baumann beim LKA Stuttgart, beschlossen, mich der christlichen Seefahrt anzuvertrauen. Mehrere Kreuzfahrten auf Schiffen unterschiedlicher Reedereien hatten mir die Augen geöffnet, welche Cruiser zu bevorzugen und welche tunlichst zu meiden seien. Letztlich hatten Schiffe der Norwegian Cruise Line bei mir eindeutig das Rennen gemacht.

Und so beschloss ich, meine junge Ehefrau Sibel mit einer solchen Kreuzfahrt an Bord der *Norwegian Jade* ins östliche Mittelmeer zu überraschen. Schließlich war sie mir seit nunmehr sechs Monaten treu ergeben – zumindest schwor sie dies immer wieder von neuem.

Als ihr Kollege Klaus Wegner von der Kripo-Direktion Heilbronn von diesem Vorhaben erfuhr, fragte er augenzwinkernd, ob er sich denn nicht mit seiner topaktuellen Flamme Jasmin anschließen dürfe. Uns war es recht, denn seine Gegenwart bürgte für Lacher rund um die Uhr und zudem war es billiger, Landausflüge in einem Taxi zu viert zu unternehmen.

Wir legten am späten Nachmittag in Venedig ab. Es ist ein unvergessliches Schauspiel, kurz vor Beginn der Dämmerung aus der Lagune dieser Stadt auf Stelzen und der Liebe auszufahren. Alle Passagiere drängten sich an der Reling, um diese Eindrücke einzusaugen.

Beim Abendessen labten wir uns ebenso gemeinsam am überwältigenden Büffet und Klaus Wegner schwor bei dessen Anblick tausend Meineide, sofort im nächsten Hafen eine Hose mit Stretch-Bund zu erwerben. Vor allem der „Roast Turkey" (laut Übersetzung: „Gebratener Türke") hatte es ihm angetan gehabt.

Wir beiden Jungs beschlossen danach, unser Glück im Casino zu versuchen, während unsere Mädels noch gemütlich durch die Shops *bummeln* wollten. Ich hatte ihnen so sehr von der vortrefflichen Bord-Band vorgeschwärmt, dass wir uns in der Bar zu einem abschließenden Tänzchen verabredeten.

Am Roulette-Tisch verunsicherte Klaus Wegner den Croupier immer aufs Neue, weil er partout auf die Zahl 37 setzen wollte. Dieser versuchte ihn verzweifelt darüber aufzuklären, dass es bei diesem Spiel mit der flitzenden Elfenbeinkugel nur sechsunddreißig Zahlen gebe. Kurzum, wir hatten mal wieder unseren Spaß und pünktlich um 22 Uhr versanken wir wie abgemacht in den bequemen Sesseln der Tanzbar. Als unsere Damen auch erschienen, animierte uns Alan Lee mit seinen sieben Profis an den Instrumenten zu einem heißen Cha-Cha-Cha. Bei der folgenden Rumba presste sich Sibel wie ein Tintenfisch mit seinen Saugnäpfen an mich. Als wir zum Tisch zurückgingen, grinsten mich ein paar Leidensgenossen mitfühlend an; sie hatten bemerkt, in welchem körperlichen Dilemma ich mich befand.

Am Nebentisch hatte ein zirka Sechzigjähriger mit einer auffallend heißblütigen Schwarzen Platz genommen, die gleich an mehreren Körperstellen aus ihrem viel zu engen Dress zu platzen drohte. Aus dem Benehmen des Paares konnte jeder unschwer folgern, dass sie nicht verheiratet waren – zumindest nicht miteinander. So wie die Beiden turtelten, hatten sie in dieser Nacht noch einiges vor. Sie würde bestimmt außer Sekt und Longsdrinks noch andere Lustbarkeiten bieten.

Wir Vier waren intensiv in unser Gespräch vertieft, als plötzlich dieser angetörnte Tischnachbar ohne Vorankündigung vom Sofa kippte. Klaus und ich sprangen sofort auf und kümmerten uns um ihn. Gianluca - wie ihn sein dicklippiges Betthäschen anflehte - verdrehte nur die Augen und sein Puls entsprach dem einer Python.

„Klaus, hol bitte sofort den Bordarzt. Das sieht mir doch verdammt nach einem *Goldenen Schuss* aus. Ich pass mittlerweile auf, dass niemand das Glas abräumt und informiere auch den Sicherheitsdienst. Sibel bat die Bord-Band weiterzuspielen, als ob nichts geschehen wäre. Denn eine Kompanie Glotzer und Spanner konnten wir nun wirklich nicht gebrauchen. Zwei Securitys hakten den Ohnmächtigen unter und schleppten ihn wie einen Betrunkenen in ein Büro. Der herbeigeeilte Arzt bestätigte unsere Befürchtungen: Verdacht auf Rauschmittelvergiftung durch eine Überdosis Kokain.

Seine flüchtige Bekannte im Kleid der Konfektionsgröße 28 schwor Stein und Bein, dass sie unschuldig sei, was bei dem Kollegen Wegner unverzüglich einen heftigen Hustenanfall auslöste. Sie habe zwar mitbekommen, dass sich ihr Gianluca etwas gespritzt hätte, aber angenommen, dass es sich um ein Potenzmittel gehandelt habe.

„Ich habe ihm ein kreislaufstabilisierendes Serum injiziert. Mehr kann ich an Bord leider nicht tun", sagte der Arzt mit einem hilflosen Schulterzucken. „Der Patient müsste sofort in ein Krankenhaus, aber auf Hoher See zwischen Kroatien und Katakolon haben wir kaum eine Chance. Und einen Hubschrauberflug würde er schon gar nicht überleben. Wir können nur abwarten und hoffen, dass seine Konstitution stark genug ist, ihn am Leben zu erhalten."

Wir schickten die drei Damen aus der Kabine. Die gute Stimmung von vorhin war selbstredend verflogen. Nach einer halben Stunde war gewiss, dass Liebhaber Gianluca keine heiße Liebesnacht mehr erleben würde. Irgendjemand an Bord musste mit ihm ein tödliches Hühnchen gerupft haben. Wer, das sollten aber bitteschön die zuständigen Herrschaften ermitteln. Denn unser Quartett befand sich schließlich im wohlverdienten Urlaub.

Aber Klaus Wegner wäre nicht Klaus Wegner, wenn er auch in dieser Situation nicht einen seiner berühmt-berüchtigten Sprüche aus der Tasche gezogen hätte: „Mein Papa hat schon immer gesagt: Besser Briketts im Keller, als Koks im Blut!"

Wir ließen uns trotz allem diese herrliche Seereise nicht vermiesen und genossen den Eselsritt auf Santorini genauso wie den Ausflug ins antike Ephesus und natürlich kauerten wir uns auch an der historischen Startlinie in Olympia nieder.

Abends saßen wir gemütlich zusammen und erdachten gemeinsam eine fröhliche

„Kreuzfahrt-Fibel für Anfänger":

Wer in der Kreuzfahrt ist erfahren,
weiß, dass Gäste reif an Jahren.

Während Bus-Transfer zum Hafen
kann man noch `ne Runde schlafen.
Dann im Hafen-Terminal
geht Kabinen-Check meist schnell.

Jetzt noch flott die Gangway entern,
schon träumt man von den fernen Ländern.

Ringsumher sieht man nur Meer,
das Schiff stürzt sich in den Verkehr.
Brücke heißt Kommandostand,
backbord nennt man linker Hand.
Den Schluss vom Schiff, den nennt man Heck
und die Etagen heißen Deck.
Der Radar tut ganz oben sitzen,
deswegen kann der auch nicht blitzen.

Captain, Offizier und Staff:
Titel, die ich niemals raff.
Bullauge heißt das Fenster hier
und ein Schott nennt man die Tür.

Die Liegen auf dem Sonnendeck
ächzen unter`m Winterspeck.
Drum ist es sinnvoll, wenn für´s Tanzen
man reduzieren kann den Ranzen.

Im Jacuzzi und am Pool
blicken in die Runde cool
die make-up-geschmückten Schönen
und lassen sich mit Drinks verwöhnen.

An den Büffets, im Restaurant,
schwelgt und bedient sich der Gourmand.
Von Kebap, Fast Food keine Spur,
wie übersteht man solches nur?

Bei Seegang kann man kaum verhüten,
zu benützen große Tüten.
Was grad mit Mühe ward zerkaut,
wird plötzlich über Bord verdaut.

Ein Versuch beim Blacken Jack,
schon ist das ganze Bargeld weg.
Da ist es letztlich auch egal,
wenn beim Roulette die falsche Zahl
von weißer Kugel wird getroffen.
Hätt´ ich den Einsatz bloß versoffen!
Beim Show-Programm könnt´ man schon kriegen
feuchte Augen, wenn sie fliegen,
der Tänzerinnen lange Beine –
ich denke lieber nicht an meine…

Erkundung mittels Bus und Zug
bezeichnet man als Landausflug.
Korfu, Kreta, Santorin,
überall kommt man noch hin.
Auch Istanbul und Barcelona
wird überschwemmt von Cruise-Corona.

Versprochen wird gern ihm und ihr
aus fernem Land ein Souvenir.
Coconut und Weißer Rum,
ein Brocken Stein vom Altertum.

Warme Socken aus dem Norden,
russisch Wodka aller Sorten,
Lederwaren und auch Schmuck,
schmälern das Budget ruckzuck.

Der Höhepunkt für Frauenzimmer
ist jedoch das Captains-Dinner.
Für alle Paare ist es Sitte:
Das Bild mit Käpt`n in der Mitte!

Ein halbes Mädchen vom Grill

Und nun ab unter die Dusche, dann eine halbe Stunde Flimmerkiste bei *Nur die Liebe zählt*, ins Kino zum aktuellsten Horror-Trip, danach in die U 40- Disco und später... na, teuvt wi mol!

Auf jeden Fall ein Abend ohne eifersüchtige Ehemänner, betrogene Sparstrumpfbesitzer und gesichtverpflasterte Schutzgeldeintreiber. Nein, dieser Rest-Freitag gehört mir, der Privatdetektivin Hella Häm-Börger, ganz alleine. Heute wird diese ihre komplette Tagesgage in Höhe von 134,86 Euro inklusive Mehrwertsteuer auf den Kopf hauen. Unwiderruflich. Jawoll!

Auch wenn es gerade an meiner Wohnungstüre Orkan klingelt. Vermutlich wieder mal der Chef-Wachtturm-Aufklärer der Zeugen Jehovas. Oder ein Abonnentenwerber für *Das Goldene Blatt.* Ich werfe eine Münze und mein Berufsethos siegt.

Ich öffne die Tür auf ein schluchzendes und vom Schock geschütteltes Paar aus dem Mittelalter, das mit letzter Kraft den Weg zu meinem Sofa schafft.

„Frau Häm-Börger, Sie müssen uns helfen", stammelt der Mann. „Jemand hat versucht, unsere Tochter umzubringen. Sie liegt mit Verbrennungen siebten Grades im Boberger Unfallkrankenhaus. Die Polizei haben wir noch nicht verständigt. Wir wollten zuerst mit Ihnen reden. Ihre Adresse haben wir von einem Ihrer zufriedenen Kunden bekommen."

Bei so viel Ehrfurcht vor meinen überirdischen Fähigkeiten verabschiedete ich mich mit Tränen in den Augen von meiner geplanten Disco-Night und stieg zu dem Fix-und-Foxy-Elternpaar in den schnuk-keligen Audi A 8.

Deren allerliebstes Töchterlein auf der Unfallstation sah in der Tat regelrecht knusperig aus. Ihr bestimmt ehemals hübsches Antlitz war wie von Windpocken übersät von Hitzepickeln und Pusteln. An den meisten Stellen hatte sich sogar die Haut abgelöst wie bei einem skalpierten Indianeropfer. Unter der Decke sah man den in aluminierter Brandfolie verhüllten Oberkörper.

„Nun erzählen Sie mal, Frau Hitzig", versuchte ich die junge Lady zu beruhigen. „Wer hat versucht, Sie dermaßen zu begrillen?"

„Der Ben, mein Freund, hat mich erwischt, wie ich mit einem Arbeitskollegen rumknutschte. Wir hatten eine Firmenfeier und ein paar Gläschen Schampus getrunken. Mein Gott, da ist doch nichts dabei. Aber dieser eifersüchtige Mistkerl schwor mir Rache. Ich würde nur ihm gehören und sonst keinem. Er würde schon dafür sorgen, dass mich kein anderer Typ in nächster Zeit mehr anschaut. Ich habe mir nichts dabei gedacht, weil er schon des Öfteren ausgerastet war.

Wie jeden Freitag ging ich ins Bräunungsstudio in der Rennhamsterstraße, das ohne Personal nur mit Automaten betrieben wird. Ich warf meine Münzen ein, zog die Folie über die Liegefläche, stellte den Automaten auf eine Viertelstunde und legte mich wie gewohnt mit nacktem Körper unter das Solarium. Dabei muss ich eingenickt sein. Aber das wäre ja nicht schlimm, da die künstliche Jamaika-Sonne nach Ablauf der Zeit sich automatisch abschaltet. Ich wachte erst wieder auf, als es überall im Gesicht und am Busen glühend heiß brannte. Krebsrot überall. Genauso muss sich ein Hähnchen unter dem Infrarot-Grill fühlen. Ich schrie vor Schmerzen, während ich gerade noch sehen konnte, wie draußen mein Ex-Freund die Fliege machte. Er musste das Solarium extrem hochgedreht haben. Er schrie noch: „Jedes Mal, wenn du in den Spiegel schaust, wirst du an mich denken, du Flittchen!"

Bettina Hitzig fing an zu weinen. „Es wird mindestens Monate dauern, bis alles verheilt ist und sich eine neue Hautschicht gebildet hat. Womöglich bleiben auch Narben zurück. Mit dem Kerl bin ich auf ewig fertig. Bitte Frau Häm-Börger, sorgen Sie dafür, dass dieses Miststück aus dem Verkehr gezogen wird."

„Dazu nur eine Frage, Frau Hitzig. Trug Ihr Ex-Lover Handschuhe?"

„Nein, daran hat er wohl in seinem Zorn nicht gedacht."

„Dann sitzt er schon so gut wie sicher in Alcatraz", triumphierte ich. „Lupenreine Fingerabdrücke. Das ist geradezu ein Azubi-Fall für meine Tatütata-Kollegen. Mindestens vorsätzliche gefährliche Körperverletzung. Und ein saftiges Schmerzensgeld obendrein. Auch er wird also noch recht lange an Sie denken, Frau Hitzig."

„Und ich werde wohl in nächster Zeit schweren Herzens auf mein Leibgericht *Halbes Grillhähnchen* verzichten", hatte meine Klientin schon wieder ihren Humor zurückgewonnen.

Sport ist beileibe kein Mord

Gerade für Polizeibeamte genießt körperliche Fitness oberste Priorität. Doch nicht nur deshalb gehört der regelmäßige Besuch eines Sportstudios für Sibel und mich zum Pflichtprogramm mehrmals in der Woche – wann immer der Dienst es zulässt. Denn auch das Relaxen in einer lustigen Runde lässt die Muskeln geradezu fröhlich knacken.

Auch an diesem Dienstagabend traten wir beide pünktlich um 20 Uhr im „Kraftwerk" zur freiwilligen Schinderei an – herzlich begrüßt von allen anderen Leidensgenossen. Vom Band lief passend dazu Helene Fischers „Atemlos".

„Wo ist denn Annemie?" fragte ich den obersten Geräte- und Hantelverwalter. „Ist sie etwa schon wieder im Urlaub?"

„Nee, im Krankenhaus", antwortete Martin Klabuttke. „Unser Sportsfreund Roland Scheidhuber nahm sie bei der Begrüßung so stürmisch in die Arme, dass ihr vermutlich eine Rippe angeknackst ist. Sie wird gerade geröntgt."

„Erst hielten wir Ihre Schreie ja für Freuden- oder Lustschreie", mischte sich die stets gut gelaunte Heidi ein. „Aber als sie mit schmerzlich verzerrtem Gesicht immer wieder eins eins null rief, wussten wir, dass dies kein Spaß war."

Wenn das kein schlechtes Omen war! Wir diskutierten gerade in der Runde über den Vorfall, als es einen lauten Schlag tat und jemand um Hilfe rief. Bei Gerät Nr. 18 lag die hübsche achtundzwanzigjährige Vanessa auf dem Boden und schlug vor Schmerzen mit den Beinen wild um sich.

Als erster war wieder Roland Scheidhuber bei ihr und streifte ihr bereits das Top zwecks besserer Atmung hoch. Da sie keinen BH trug, legte er völlig arglos zwei jugendlich straffe Lungenflügel frei. Zusätzlich wechselten sich zwei U 30-Kraftpakete darin ab, ihr per Mund-zu-Mund-Beatmung wieder Farbe ins bleiche Antlitz zu zaubern.

Trotz all dieser ehrlichen Bemühungen stand Vanessa kurz davor, ohnmächtig zu werden. „Ich versteh das nicht", stammelte sie kraftlos. „Ich mach diese Übungen doch jedes Mal und noch nie ist etwas passiert. Irgendwie muss sich die Verschraubung an der Hantelstange gelöst haben und so rutschte das Gewicht ab und vierzig Kilogramm knallten mir auf den rechten Fuß. Mein Freund, der Micha, war doch gestern Abend auch im Training und arbeitete mit derselben Hantel."

In diesem Moment klingelte ein Herr Verdacht an meiner Haustüre. Sibel sah es mir an und murrte: „Mensch Stefan, kannst du denn nie vergessen, dass du ein Kriminaler bist?"

„Das riecht aber höchst verdächtig nach vorsätzlicher Körperverletzung", dozierte ich fachkundig. „Hattet ihr vielleicht Streit, Vanessa?"

„Jetzt, wo du das sagst, Stefan", antwortete die Verletzte verdutzt. „Der Micha hat sich neulich tierisch aufgeregt, weil ich angeblich mit dem Boris rumgeflirtet hätte. Dabei haben wir doch nur geflachst und versucht, meinen Shorty ein bisschen eifersüchtig zu machen. Wenn der wirklich so blöd ist und hat versucht, sich wegen einer solchen Lappalie zu rächen, dann kann er künftig mit einer anderen Tussi trainieren."

„Ich stelle mich gerne als potenter Nachfolger zur Verfügung", drängte sich gleich Rentner Scheidhuber vor. „Darf ich dir ein Schnäpschen bringen zur innerlichen und äußerlichen Einreibung?"

„Gute Idee, Roland. Ich rühre sonst nie Alkohol an, aber nach diesem Schrecken könnte ich heute einen kräftigen Schluck vertragen."

Inzwischen hatte sich der Umfang von Vanessas rechtem Fuß dermaßen vervielfacht, dass man noch nicht einmal bei Zalando die passende Schuhgröße gefunden hätte.

„Mädel, da hast du ja noch Glück gehabt. Nicht auszudenken, wenn dir die Hantel auf den Brustkorb gefallen wäre. Auf jeden Fall, du musst zum Arzt", drängte Studioleiter Klabuttke.

„Ich bring sie gerne hin", bot sich schon wieder Sportsfreund Roland an und wischte sich dabei heimlich etwas Speichel von den Lippen.

„Nein, lasst das mal lieber mich machen", duldete ich keine Widerrede. „So fährt sie unter Polizeischutz und muss keine Angst haben, dass ihr womöglich nochmals etwas zustößt."

„Und ich komm mit, falls unterwegs eine Krankenschwester für erneute Wiederbelebungsaktionen benötigt wird", schloss sich mein holdes Weib mit ihrem unschuldigsten Augenaufschlag an.

Viele freiwillige männliche Helfer schleppten daraufhin Vanessa zu unserem Auto und legten sie behutsam auf den Rücksitz.

„Schon oft habe ich davon geträumt, einmal auf

solch starken Händen getragen zu werden", konnte sie sich ein Stück Galgenhumor nicht verkneifen. „Was mich allerdings in höchstem Maße verwundert, ist, dass meine Fußnägel plötzlich die Farbe Blauviolett angenommen haben. Erst heute Morgen hatte ich sie doch noch scharlachrot angepinselt."

Bereits am nächsten Abend kündigte ihr bisheriger Lover Micha seine Mitgliedschaft beim „Kraftwerk". Im gleichen Atemzug hatte ihm Vanessa die Mitgliedschaft in ihrem Gefühlsleben fristlos beendet und Fitnesskollege Roland Scheidhuber kümmerte sich nach einer kurzen Trainingspause von Annemie und Vanessa fortan rührend um beide Rekonvaleszentinnen, wobei er allerdings gelobte, leidenschaftliche Umarmungen künftig etwas dezenter zu gestalten.

Gestrandet

Heute mussten sie kräftig in die Pedale treten. Der Wind blies in kräftigen Böen aus Ost. Dummerweise hatten sie genau in diese Richtung zu fahren, gen Ostseestrand zu ihrem Wachplatz. Beide waren erfahrene Rettungsschwimmer der DLRG. Aber heute fiel es ihnen schwer, den Dienst anzutreten. Noch völlig geschafft von der anstrengenden Party, bei welcher voll der Punk abging. Sägemehl in den Knochen, Pudding in den Muskeln.

Fabian und Simone hatten schon des Öfteren gemeinsam „Wache" geschoben. Aber gestern Abend hatte es zum ersten Mal auch richtig zwischen ihnen gefunkt.

„Heute müssen wir wohl zu unserer Anwesenheitsflagge auch noch die rote hissen. Moni, was meinst du?" Moni, wie Fabian sie seit gestern zärtlich nannte, nickte nur, mehr ließ der Sturm an Verständigung nicht zu. Es war völlig unsinnig, sich nebeneinander radelnd unterhalten zu wollen. Endlich erreichten sie ausgepumpt ihren Wachposten. Sie stellten ihre Fahrräder hinter dem kleinen weißen Turmposten ab. Andere Kollegen hatten noch viel weitere Wege. Fabian holte den Schlüssel aus der roten Sporttasche, öffnete die Tür und zog Simone hinein, um sie zärtlich zu küssen. Ab sofort – so hatte er beschlossen - sollte jeder Wasserrettungstag auf diese Weise beginnen und enden und möglichst noch zwischendurch ein wenig mit einer zusätzlichen Prise Leidenschaft gewürzt werden.

Hier drinnen war es schwülwarm, während draußen der Sturm tobte und an der Leine des Fahnenmastes rüttelte. Das Geräusch holte auch Fabian ganz schnell aus seinen erotischen Wünschen und pflichtbewusst nahm er die Flaggen in rot und gelb-rot aus dem Spind, um sie zu hissen. Simone räumte derweil die beiden Stühle vom Tisch und verstaute die Taschen. Auf dem Dach konnte man heute nicht sitzen. Trotzdem stellte Fabian die Leiter an. Doch zuallererst wollte er die Stärke der Brandung prüfen und dabei auch gleich die Wassertemperatur mes-sen. Gefährlich sah es aus, denn die Unterströmung kann vor allem für See-Unkundige schnell zum Ver-hängnis werden. *Moni* nahm ihm das Thermometer ab und notierte die Daten auf der Tafel an der Wa-che: Luft 25 Grad, Wasser 20 Grad. Geradezu Traum-werte. Und das schon um zehn Uhr vormittags.

Die Ostsee hatte gefährliche Schaumkronen und einige *mutige* Badegäste schienen wie üblich die Ba-deverbotsflagge zu ignorieren. In freundlichem Ton versuchte Fabian diese leichtsinnigen Sonne-, See- und Luftfetischisten auf die speziellen Gefahren auf-merksam zu machen. Er wollte heute lieber dicht am Wasser bleiben, weil er um die Sorglosigkeit dieser Art Urlauber wusste.

Simone nahm inzwischen Funkkontakt zu den Kollegen auf. Rolf und Michi wachten eine Stati-on weiter und hatten schon das Schlauchboot am Strand startklar gemacht. Natürlich hatten auch sie bei Windstärke 5 die rote Flagge am Mast. „Na, seid ihr Beiden schon wieder halbwegs einsatzfähig nach eurer heißen Nacht?" frotzelte Michi. Aber Simone schaute nur besorgt nach Fabian und überhörte die Anzüglichkeiten.

Keine Quallen, dafür trübte viel Seegras das Wasser. Zusätzlich wirbelte die Brandung den feinen Sand wild auf und der Sog unter den Füßen entzog einem den Halt. Fabian bat die Eltern am Strand, wenigstens ihre Kinder aus dem Wasser fern zu halten. Er hatte schon beobachtet, wie diese hinfielen und dann angstvoll weinten. Selbst, sie an der Hand oder gar auf dem Arm zu halten, war unverantwortlich. Aber da waren sie wieder, die *echten Kerle* - meist Fiftyplusser -, die sich beweisen wollten und die Gefahr geradezu herausforderten. Dabei brauchte man doch nur bis an die Knie hineinzugehen, dann stürzten einem schon die Wellen über den Kopf. Wer hier nicht im Vollbesitz seiner Kräfte hüpfte oder gekonnt untendurch tauchte, musste straucheln und kam ohne fremde Hilfe nicht wieder auf die Füße. Fabian war pausenlos gefordert, denn die meisten Strandurlauber verloren anscheinend keinen Gedanken daran, dass sie mit ihrem Verhalten auch ihn selbst in Gefahr brachten. Aber verbieten konnte er ihnen das Baden nun mal nicht.

Simone hielt das Fernglas fest an die Augen gepresst und spähte angestrengt hinaus. Nicht nur die Wärme, auch die Sorge um Fabian trieb ihr den Schweiß in den Nacken, sollte es zu einem Einsatz kommen. Sie bangte um seine Gesundheit. Seit der vergangenen Nacht war ihr bewusst geworden, dass sie viel mehr für ihn empfand als pure Kameradschaft. Das Walkie Talkie riss sie aus ihrer Anspannung. Rolf meldete, er hätte Verstärkung angefordert, damit sie mit dem Schlauchboot weiter draußen patrouillieren könnten. Dabei würden sie auch an ihrem

Strandabschnitt vorbeikommen. Simone nahm das erleichtert zur Kenntnis. Dann setzte sie wieder ihr Fernglas an. Die ersten Brecher überschlugen sich in zweihundert Meter Entfernung an der Sandbank.

Sah sie richtig und trieb dort irgendetwas Auffälliges im Wasser? Oder spielten ihr die überreizten Sinne einen Streich? Doch wohl nicht! Denn in schöner Regelmäßigkeit tauchte aus der Brandung tatsächlich ein leuchtend roter Gegenstand auf und verschwand wieder in den Wellen. Da, eine Hand ragte plötzlich deutlich erkennbar aus dem Wasser.

Simone klopfte das Herz bis zum Hals. Sie rannte, so schnell sie ihre Füße im tiefen Sand trugen, zu Fabian und schrie atemlos ihre Entdeckung gegen den Wind an. Ihr Freund sprintete sofort zur Rettungsstation, stieg in Neoprenanzug und -stiefel, griff nach den Schwimmflossen und tapste so schnell es ging zum Wasser. Hier flippten seine Füße hinein und sobald es tief genug war, warf er sich in die Fluten und kraulte im Wettkampftempo Richtung Sandbank. Total aus der Puste kam er ans Ziel. Was er dort sah, traf ihn wie eine Dublette von Klitschko in die Magengrube. Da lag eine aufgedunsene Frauenleiche im roten Bikini. Ohne Kopf. Widerwillig überwand er sich, den Leichnam anzufassen. Ihm wurde kotzübel. So wie damals, als er einmal auf dem elterlichen Hof eine Kuh aus der Güllegrube befreien musste. Doch wer das schaffte, der wird auch hiermit fertig, redete er sich ein. Automatisch setzten die in vielen Übungsstunden antrainierten Abläufe wieder ein. Auf Wiederbelebungsversuche an dieser Kopflosen konnte jedenfalls verzichtet werden.

Da kam auch schon das Schlauchboot von Rolf und Michi mit Höchstgeschwindigkeit angedüst. Simone hatte sie sofort verständigt. Fabian war erleichtert, doch die beiden anderen wurden kreidebleich, als sie sahen, was ihr DLRG-Kollege da hinter sich herzog. Sie überwanden ihr Entsetzen und hievten mit vereinten Kräften den grausigen Fund ins Boot. Rolf funkte sofort die örtliche Polizei an und bat darum, mit einem Sichtschutzzelt an den Strandabschnitt der Rettungswache zu kommen, um eine Leiche in Empfang zu nehmen. Der Diensthabende am anderen Ende musste sich wohl erst von seinem Schock erholen, versprach dann aber, alles zügig in die Wege zu leiten.

Michi deckte schnell eine graue Wolldecke über den Leichnam. Die tapferen Retter ließen sich nun mit ihrer Rückkehr zum Strand Zeit, um den inzwischen aufmerksam gewordenen Badegästen keine kostenlose Horrorshow zu bieten. Die Brandung spielte mit dem Boot, als sei es eine Luftmatratze. „Halt` die Lady bloß gut fest, sonst spült sie uns hier noch raus und du kannst sie nochmals angeln!" versuchte es Michi mit Galgenhumor.

In Windeseile war die Polizei am Strand erschienen und warf ihnen eine Plane ins Boot. Damit versuchten die drei Retter den glitschigen Frauentorso rundum einzuwursteln. Der weiße Sichtschutz war schnell aufgebaut und sie packten alle mit an, das Paket hinter die Leinwände zu tragen. Die Polizisten standen herum wie Bleichgesichter zwischen einer Horde Rothäute, während Fabian in die Sträucher rannte und dort sein komplettes Frühstück opferte.

Es war einfach zu viel für ihn. Simone nahm ihn tröstend in den Arm, führte ihn in die Station und gab ihm erst einmal etwas zu trinken.

Inzwischen umlungerte schon eine Traube sensationsgeiler Gaffer das Zelt und versuchte einen Blick zu erhaschen oder gar ein Video zu drehen. Die mittlerweile ebenfalls eingetroffene Kripo-Bereitschaft einschließlich Polizeiarzt befragte behutsam die Rettungsschwimmer. Viel konnten diese ja nicht erzählen. Hier hatte jemand mit großer Brutalität ganze Arbeit geleistet.

Hauptkommissar Pohlmann gab die Leiche zum Abtransport in die Pathologie frei und bat darum, Dr. Müller mit der Obduktion zu beauftragen. Ein erfahrener Gerichtsmediziner, der schon des Öfteren bei der Aufklärung von Verbrechen maßgeblichen Anteil hatte.

So wurden die sterblichen Überreste der sportlich schlanken Schwimmerin in einen Zinksarg des Leichentransporters gebettet. Ohne Kopf würde die Identifizierung nicht leicht fallen. Man konnte zwar zusätzlich Taucher einsetzen, aber große Hoffnung machte sich KHK Pohlmann nicht. Eines jedenfalls hatte er – auch als medizinischer Laie – gesehen: Der Kopf der Frau war nicht etwa von einer Schiffsschraube abgetrennt worden, sondern ganz eindeutig mit einem extrem scharfen, messerartigen Gegenstand. Wieder einmal der Versuch eines perfekten Mordes?

Und jetzt kam ich ins Spiel. Noch ehe die Gazetten über diese abscheuliche Tat berichteten, hatte mich nämlich ein Ehepaar Baumeister informiert, dass ihr dreiundzwanzigjähriges Mädel nicht vom Strandausflug zurückgekommen sei. Die Baumeisters wohnten samt ihrer Tochter Melanie in derselben Straße wie ich und wir wechselten gelegentlich ein paar Worte miteinander.

„Frau Häm-Börger", bat mich das zutiefst beunruhigte Paar, „bitte finden Sie unsere Melanie. Sie ist doch alles, was wir haben. Und zu Ihnen haben wir einfach mehr Vertrauen als zur Polizei, weil wir Sie doch kennen."

Ich bat sie um ein Foto von Melanie – möglichst im Bikini – sowie irgendein Kleidungsstück, mit dem man eventuell einen Suchhund losschicken könnte. Natürlich wollte ich ihnen keinen unnötigen Schrekken einjagen, bevor nicht anhand von einer DNA-Analyse eindeutige Ergebnisse vorlagen. Aber das alles fiel nun in die Zuständigkeit der Kollegen von der Kripo. Ich übergab ihnen das Foto und bereits nach einem Tag wurde meine Befürchtung traurige Gewissheit: Bei der Kopflosen in der Brandung handelte es sich um Melanie Baumeister. Alle Recherchen einer eigens eingerichteten Sonderkommission führten zu keinem Resultat. So läuft der brutale Mörder von Melanie bis heute frei herum und ihre Eltern trauern um ihr einziges Kind, das doch nur ein paar Stunden am Ostseestrand relaxen wollte.

Das fünfte Ass

Wolfhard Degenhardt war ganz bestimmt kein *Spieler.* Wer als Schwabe geboren ist, betritt zeitlebens kein Spielcasino, wettet nicht bei Pferderennen und selbst die Lottoannahmestelle lässt man verächtlich links liegen. Schwaben sind ehrlich, anständig und in höchstem Maße risikoscheu. Nicht von ungefähr stellt man sie auf eine Stufe mit den Schotten, wobei diese aber zudem noch richtig geizig sind, denn sie tragen sogar noch die abgelegten Karo-Röcke der Oma auf.

Schwaben sind vor allem sparsam und der Spruch *Schaffe, schaffe Häusle baue* begleitet sie weltweit – oft bewundernd, meist aber spöttisch. Ein echter Schwabe ist kein Lebenskünstler. Nein, er rackert von früh bis spät und wenn er sein alleiniges Lebensziel kurz vor der Rente erreicht hat, dann genießt er diesen Standard, um den ihn nun aber wiederum viele Reingeschmeckte beneiden.

Auch Wolfhard Degenhardt schlief seit drei Jahren im eigenen Häuschen inklusive Vorgarten mit Rosenbeet und 1,8 ar Nutzgarten (Radieschen, Gurken und Tomaten) den Schlaf der Gerechten. Nur noch siebenundzwanzig Jahre lang – also bis zum zarten Alter von 87 Lebensjahren - musste er die erste Hypothek abbezahlen sowie drei Bausspardarlehen tilgen.

Und ausgerechnet jetzt verließ ihn doch tatsächlich seine rechtmäßig angetraute Ehehälfte namens Edeltraud Degenhardt geborene Schiefdecker. Ausgerechnet wegen diesem Sesselfurzer und Korinthenkacker Dietmar Pfotenhauer vom gemeinsamen Kegelclub „Immer in die Vollen!"

Angeblich sei er, Wolfhard Degenhardt, nicht mehr charmant und zärtlich zu seiner Edeltraud. Dabei war er noch niemals charmant und zärtlich gewesen. Denn auch in dieser Hinsicht war er nun mal ein reinrassiger Schwabe.

Es half alles nichts. Er musste irgendeine Geldquelle anbohren, sonst würde er bald sein gemütliches Bett mit einer ganz und gar ungemütlichen Schlafstatt unter irgendeiner Neckarbrücke eintauschen. Zu allem Unglück wurde er auch an seiner Arbeitsstelle auf 73,875 Prozent herunterrationalisiert.

Als er sich an diesem Abend sein streng limitiertes Wochen-Bier im „Ochsen" gönnte, wurde er zufällig Zeuge eines Gesprächs zwischen zwei mittelalterlichen Männern, die offensichtlich über seine Probleme nur milde gelächelt hätten. Der eine protzte mit einer Rolex am Handgelenk, Seidenkrawatte von Armani samt edler Nadel mit Brillanten und Rolls Royce-Schlüssel auf der Theke. Auf seinem Schoß tummelte sich ein Bild von einer Frau, die auf den Namen Rosi hörte und die er sich sinngemäß um den linken Finger gewickelt hatte. Der andere in einem Maßanzug aus feinstem englischen Zwirn, der Wolfhard Degenhardts Nettogehalt wohl dezent überstieg.

„Du, gestern war ich wieder bei den Müllers zum privaten Pokern", prahlte der Rolex-Träger. „Ich hab richtig abgesahnt. Fuffzig Riesen und die Rosi hab ich noch als Dreingabe bekommen." Dabei klatschte er der geschenkten Dame herzlich auf die pralle miniberockte Kehrseite. „Komm doch mal wieder mit heute Abend. Leichter kannst du nicht zu Kohle kommen. Und dann die Scheinchen in den Kroko-Koffer packen und ab damit in die Schweiz. Du weißt ja: Methode Hoeneß."

„Entschuldigung die Herren, ich habe soeben ungewollt Ihr Gespräch mitangehört", mischte sich Wolfhard Degenhardt ein. „Das würde mich auch interessieren. Muss man da Clubmitglied sein und irgendwelche Poker-Vorkenntnisse haben? Sie müssen nämlich wissen, dass ich in dieser Hinsicht absoluter Laie bin."

„I wo", beruhigte ihn der Maßgeschneiderte. „Ich hatte früher auch keine Ahnung vom Kartenlegen. Das lernt man ganz schnell vom Zugucken. Wissen Sie was? Wir drei schleppen Sie heute Abend mit. Womöglich haben Sie sogar Anfängerglück und es wäre nichts Ungewöhnliches, dass ein Zocker gleich beim ersten Mal mit mehreren Tausend Eiern die fröhliche Runde bei den Müllers verlässt. Ich schlage vor: Treffpunkt 22 Uhr hier vor der Kneipe."

Wolfhard Degenhardt konnte es kaum erwarten, dass sich der Zeiger an seiner Zehn-Euro-Aldi-Uhr auf die verabredete Zeit einpendelte. Er hatte sogar außer der Reihe geduscht und sich mit 20 ml Uralt Lavendel besprüht. Er plünderte die Zuckerdose im Küchenschrank um drei mühsam ersparte Hunderter, die er mit einem tiefen Seufzer in seine Hosentasche steckte.

Die beiden Zocker erwarteten ihn bereits samt der schönen Rosi und er durfte zum ersten Mal in seinem Leben in einem Rolls Royce Platz nehmen. Er war von allem so sehr beeindruckt, dass er kaum einen Piepston herausbrachte.

An einem unscheinbaren Haus in der Bastian-Schweinhauer-Straße wurde ihnen auf ihr Klingeln sofort geöffnet. Eine attraktive Dame mit großzügig dekolletiertem Top empfing sie, nachdem sie sich durch ein kleines Guckfenster über die Besucher vergewissert hatte.

„Frau Müller, darf ich Ihnen einen Bekannten vorstellen: Herr Wolfhard Degenhardt. Er möchte auch mal gerne mitgamblen; er ist allerdings noch Anfänger."

„Herzlich willkommen, Herr Degenhardt. Sie werden sehen, man lernt die Pokerregeln schneller als das Alphabet." Sie geleitete das Grüppchen eine Treppe hinab in einen nobel eingerichteten Raum im Untergeschoß, wo bereits drei Männer am filzbespannten Spieltisch saßen.

„Das ist Herr Degenhardt, der auch sein Glück versuchen möchte", sagte die freizügige Gastgeberin. „Ihr anderen kennt euch ja bereits. Und das hier ist mein Mann", wandte sie sich an Wolfhard Degenhardt und deutete auf einen bulligen Glatzkopf.

„Wir spielen heute *Caribbean Stud Poker* und ich mache den Dealer", entschied die Dame des Hauses. Mindesteinsatz fünfzig Euro."

Wolfhard Degenhardt schaute erst mal zu und war schon bald fasziniert vom Spiel. So einfach konnte man also mit ein bisschen Glück zu Geld kommen. Die Gewinne und Verluste der Zocker-Runde hielten sich im vertretbaren Rahmen. Mal gewann einer der Spieler, mal die Bank.

Degenhardt hielt es nicht mehr länger in der Zuschauerrolle und er legte seinen Mindest-Einsatz auf das dafür vorgesehene Feld Ante. Er traute seinen Augen nicht, als er gleich beim ersten Blatt fünf Pik-Karten in den Händen hielt. Flush!

„Sie sind ein Glückskind, Herr Degenhardt", freute sich Frau Müller mit ihm und zahlte ihm seinen Gewinn von dreihundert Euro aus. Und es ging so weiter. Während seine neuen Bekannten und die anderen Männer am Tisch meist leer ausgingen, hatte er bereits nach einer halben Stunde 1.500 Euro gescheffelt. Mensch, das war ja sein halber Monatslohn! Steuerfrei, dazu ohne Soli und Sozialversicherungsbeiträge.

Er wurde immer mutiger und erhöhte seine Einsätze. Und plötzlich – er wollte seinen Augen nicht trauen – hielt er alle vier Asse in der Hand. Diesen fetten Gewinn würde ihm niemand streitig machen. Das Zwanzigfache seines Einsatzes. Mit einem unergründlichen Pokerface zeigte er seine Karten, während sich Frau Müller kurz bückte, um ihr heruntergefallenes Taschentuch aufzuheben.

„Tut mir wahnsinnig leid, Herr Degenhardt", bedauerte die Dealerin, „aber ich bin diesmal noch besser: Royal Flush, meine Dame, meine Herrn!" Und sie zeigte ihnen Ass, König, Dame, Bube und Zehn in Farbe Karo.

Im gleichen Moment erhoben sich der Rolexträger, der Maßgeschneiderte und die schöne Rosi von ihren Plätzen und zogen Ausweise aus ihrer Tasche. „Das Spiel ist aus, Frau Müller! Darf ich vorstellen: Kriminalhauptmeisterin Baumann, Kriminalkommissar Müller 2 und mein Name ist Herz, Leiter des Betrugdezernats. Fünf Asse in einem Spiel sind nun mal zu viel des Guten. Wir haben Sie ja bereits über längere Zeit als Mitglieder dieser fröhlichen Spielrunde observiert und der Herr Degenhardt als blutiger Anfänger durfte jetzt - seiner Rolle völlig unbewusst - den Lockvogel spielen.

Natürlich fiel uns schon lange auf, dass Sie im passenden Moment immer noch ein Ass in petto hatten. Allerdings nicht – wie in Western-Saloons üblich – im Ärmel, sondern im BH versteckt. Und immer, wenn Sie sich bückten oder abwandten, weil zum Beispiel das Handy klingelte, zauberten Sie wieder flugs eine solche Gewinnkarte aus Ihrem Ausschnitt. Wenn jetzt Kollegin Baumann an dieser Körperregion eine Leibesvisitation startet, findet sie bestimmt noch ein paar dieser Reserve-Asse."

„Tut uns leid für Sie", wandte er sich an Wolfhard Degenhardt. „Aber beherzigen Sie einfach die alte Weisheit *Ehrlich währt am längsten!* Da wir jedoch Ihre angespannte finanzielle Situation kennen, drücken wir diesmal sämtliche Augen zu und Sie dürfen ausnahmsweise Ihre erworbenen Gewinne behalten. Frau Müller aber samt Gatten und die anderen Herren dürfen sich auf eine Anzeige wegen Veranstaltung unerlaubten Glücksspieles freuen. Bestimmt findet sich auch im Knast eine Clique für fröhliche Pokerrunden. Nur Einsatz und Gewinn werden dort wohl zwangsläufig bescheidener ausfallen.

Gut abgehangen

Sofort, als mich der Hilferuf meines alten Spezis von der Polizeischule, Josef „Sepp" Holdermüller erreichte, hatte ich mich auf den Weg nach Obersulm, Ortsteil Niedersulm, gemacht.

„Du weißt ja, wie so etwas läuft, wenn jemand von der High Society den güldenen Löffel abgibt. Wenn wir schon jeden Stein umdrehen müssen, dann ist es den Hohen Herrschaften leichter zu vermitteln, wenn zusätzlich zu einem biederen Heilbronner Dezernatsleiter ein Kriminaldirektor vom LKA die Untersuchungen leitet. Also Steff, du wirst standesgemäß erwartet. Schlinge dir deine beste Seidenkrawatte um den Hals und Sibel soll dir noch rasch die Bügelfalten aufpeppen."

Mit Sibel war mein seit kurzem angetrautes Weib gemeint, eine glutäugige Deutschtürkin und frisch gebackene Kriminalhauptmeisterin unter Sepps Fittichen.

Als mein BMW Cabrio in Niedersulm Richtung Schloss einbog, fiel mir auf, wie gespenstisch ruhig es hier war. Anscheinend hatten sie die Auffahrt mit Flüsterasphalt geteert, damit die Erlauchten nicht beim Mittagsschlafe gestört würden. Irgendjemand musste dabei aber doch nachhaltig gestört worden sein, sonst hätte man mich ja nicht alarmiert.

Nach mindestens dreihundert Metern Fahrt durch Parkanlagen, die jedem englischen Landsitz Ehre gemacht hätten, erblickte ich vor der ausladenden Freitreppe mehrere Fahrzeuge. Vermutlich war das halbe *Dezernat Kapitalverbrechen* auf den

Beinen. Auch Streifenwagen und ein Notarztwagen waren darunter.

Am handgeschnitzten Portal empfing mich ein Butler mit gestärkter Hemdenbrust samt ebensolchem Selbstbewusstsein und Meister Proper-weißen Handschuhen.

„Kriminaldirektor Stefan Baumann vom Landeskriminalamt", stellte ich mich korrekt vor.

„Der Herr Erster Kriminalhauptkommissar erwartet den Herrn Kriminaldirektor bereits in der Bibliothek. Wenn er mir bitte folgen möchte. Seine Durchlaucht lässt bitten. Oder genauer formuliert: Seine Durchlaucht ließ bitten!" Wobei er sich dreieinhalb Tränen mit dem Handschuh vom rechten Auge wischte.

Donnerwetter! Hätte ich mich doch bloß vorher mit Hilfe eines kitschigen Courths-Mahler-Romans weitergebildet. Hier wurde anscheinend noch Wert auf Etikette gelegt, obwohl doch offensichtlich ein Mitglied derer zu Schönaich und Hohenfelsen ohne Vorankündigung abgängig geworden war.

Als mir im Gefolge der Diener-Marionette in die Bibliothek aus dem 16. Jahrhundert Einlass gewährt wurde, sah ich gleich die ganze Bescherung. Obwohl doch Weihnachten eigentlich schon längst vorbei war. Am Kronleuchter mit grob geschätzten siebenundfünfzig 100 Watt-Osram-Glühlampen hing ein Strick. Und an diesem wiederum baumelte ein männliches Individuum. Korrekt gekleidet im dunklen Nadelstreifenanzug, Sockenhaltern samt Bundesverdienstkreuz am Bande.

Kaum hatte der Hemdbrustgestärkte die Halle der Bildung verlassen, kam ein junger Kollege freudestrahlend auf mich zu. Kriminalmeister Klaus Wegner, anerkannter Witzbold des Heilbronner Ermittlerteams, wies mit völlig unschuldigem Blick und theatralischer Hamlet-Geste auf die Leiche.

„Darf ich bekannt machen. Seine Hoheit Baldur zu Schönaich und Hohenfelsen. Ein Metzger würde sagen: Gut abgehangen, das Fleisch. Der Doc meinte übrigens, seine Zunge wäre ziemlich belegt. Lässt wohl auf eine linksseitige Seitenstrang-Angina schließen. Was allerdings nicht unbedingt die Todesursache sein müsse."

Ob ich wollte oder nicht, meine Gesichtsmuskeln dehnten sich zu einem breiten Grinsen. Sepp Holdermüller schüttelte nur resignierend den bulligen Kopf und die anderen Kollegen verdrückten sich gerade noch ein ganz und gar nicht artgerechtes Gröhlen.

Der mir bereits von anderen Fällen bestens bekannte Gerichtsmediziner Dr. Müller-Haudegen begrüßte mich herzlich. „Immer wenn wir uns über den Weg laufen, geht`s einem Mitmenschen nicht besonders gut. Könnten wir uns nicht lieber mal zu einer fröhlichen Skatrunde treffen? Doch nun zum Opfer. Es sollte alles auf einen Suizid hindeuten, aber ich habe da so meine Zweifel. Wie soll sich der brave Mann denn umgebracht haben? Irgendwie muss er doch zu dem Leuchter hochgeklettert sein. Aber weit und breit keine Leiter oder Tritthocker. Außerdem scheint mir an der Schlinge ein Knoten zu viel des Guten. Nee, nee, ich glaube die Mannschaft von der Mordkommission ist nicht umsonst angerückt."

Klaus Wegner näherte sich von der Seite und ich

sah ihm an, dass er schon wieder einen Kalauer auf der Pfanne hatte.

„Nun reisen wir mit Ross und Kutsche vom fernen Heilbronn zu dieser Länderei und was tut der erlauchtigste Schlossherr? Er streckt mir zum Dank die Zunge heraus! Doch wie sagte schon der Henker zu seinem Delinquenten: Nur den Kopf nicht hängen lassen, mein Guter!"

„Jetzt aber Schluss mit der Vorstellung, Klaus", wies ihn Sepp Holdermüller zurecht. „Schneide lieber den verblichenen Hochadligen ab und hole ihn auf den harten Boden der Tatsachen zurück."

Mittlerweilen hatte sich die herrschaftliche Familie hochgradig trauernd in der Bibliothek versammelt und nahm mit vornehmer Rührung unser tief empfundenes Mitgefühl entgegen. Ihren konzentrierten Blicken nach zu urteilen, verteilten sie bereits in Gedanken das Erbe. Da sie sich alle zur ermittelten Todeszeit in ihren Gemächern ihren Freizeitbeschäftigungen gewidmet beziehungsweise einen Ausritt über Feld und Flur unternommen hatten, schieden sie als mögliche Täter aus.

Blieb noch die Vernehmung des Personals. Sowohl Butler als auch Köchin, Friseurin, Nageldesignerin, Masseurin und Hausdame konnten wir mangels erforderlicher Muskelmasse ausschließen. Lediglich der kraftstrotzende Gärtner kam noch in Frage. Und dieser ließ sich auch gar nicht lange bitten.

„Der alte Sack hatte überhaupt kein Gespür für die Natur und Tiere", äußerte er sich auf lobenswert sympathische Weise über seinen früheren Brötchengeber. „Die Kröten zertrat er, wo er sie sah. Im schlosseigenen Teich fischte er mittels Handgranate und die Rehe jagte er des Nachts per Auto mit Fernlicht. Sie müssen wissen, ich bin Kassier beim Tierschutzverein und als ich jetzt mitbekam, dass er auch noch unseren einzigen Maulwurf mit der Schrotflinte hinrichtete, hatte er bei mir endgültig verschissen. Okay, ich habe ihn aufgeknüpft. Mit der Bockleiter. Sie hätten mal hören sollen, wie er um Gnade gewinselt hat. Und sogar eine Spende von 20 Euro für unseren Verein hat mir der Geizkragen angeboten. Nehmen Sie mich bitte ganz schnell mit, damit ich dieses gutsherrliche Gammelfleisch nicht mehr länger anschauen muss."

Das Bonmot zum Schluss gehörte natürlich wieder dem Kollegen Wegner: „Da bewahrheitet sich wieder einmal das gute alte Sprichwort *Der Mörder ist immer der Gärtner!*"

Feinstaubfrei gemäß EURO 5

Schnaps ist Schnaps und tot ist tot! An diesen Spruch erinnerte sich wohl auch der Mittel-, Obdach- und nun äußerst leblose Endvierziger Alfons D. Kummerzahn, kurz bevor er sein äußerst bescheidenes Dasein aushauchte. Wobei selbst dieser letzte Hauch aus der Kehle eines Alkoholikers noch für dessen lebenslangen Führerscheinentzug ausgereicht hätte.

Ich fand ihn rein zufällig in einem leer stehenden Schuppen nahe einem alten versandeten Hafenarm. Früher war dieser von Fischern zum Lagern ihrer Netze, Reusen und sonstigen Fangutensilien genutzt worden. Heute erinnerte nur noch die typische Duftnote der unterschiedlichsten *Früchte des Meeres* an den ursprünglichen Verwendungszweck. Kummerzahn war bereits vor zwei Jahren hier zur kostenfreien *Untermiete* eingezogen. Wer dies wusste, dem war es eh egal. Ab und zu wurde er mit Wolldecken, Schlafsäcken und auch mal mit einer kräftigen Suppe von Anglern oder Hafenarbeitern bedacht, die ihm auch zu einem warmen Schlafplatz im Winterquartier der Obdachlosenstiftung verhelfen wollten. Aber Kummerzahn, nur noch halbwegs Herr seiner Sinne, lehnte solchen *Luxus* vehement ab. Immerhin fiel er weder den Herren Hartz oder Riester noch den Nobby Blüm-Erben zur Last.

Den erheblichen Getränkekonsum finanzierte er aus dem Pfanderlös entsorgter Flaschen. Nun hatte die kleine Bootswerft in der Nähe Konkurs angemeldet und es schaute kaum noch ein Mensch hier vorbei.

Hätte ich an diesem tristen Novembertag, an dem man normalerweise keinen Hund vor die Tür jagt, nicht meinen derzeitigen Pflegehund – einen braunen Rottweiler-Rüden namens Adolf vom Beifuß – zur Erledigung seiner kleineren und größeren Geschäfte Gassi geführt, hätte besagter Kummerzahn wohl in naher Zukunft als Gammelfleisch geendet. So aber raste Schoßhündchen Adolf mit seinem feinen Spürnäschen auf die Türe des Fischerschuppens zu und auch meine gut gemeinten Rufe „Adolf komm sofort zurück!" konnten ihn nicht stoppen.

Schon beim Betreten der gemütlichen Bleibe erroch ich unschwer, dass sich hier Fischgestank mit Ausdünstungen eines menschlichen Kadavers mischte. Adolf hatte inzwischen schon die Ursache aller Wohlgerüche aufgespürt und verbellte den kümmerlichen Leichnam, gehüllt in einen speckigen Ledermantel.

Neben diesem stand eine ganze Flaschenbatterie mit unverdünntem Frostschutzmittel. Die meisten geleert und allem Anschein nach die Ursache des Kummers dieses Alfons D. Kummerzahn. Mein lieber Herr Gesangverein! Mit dieser Menge hätte er den ganzen strengen Winter überstanden, ohne auch nur im Geringsten anzulaufen. Immerhin befand sich der Körper dadurch aber in chemisch einwandfreiem Zustand. Dennoch wäre er bei der turnusgemäßen zweijährlichen Abgasuntersuchung erbarmungslos durchgefallen. Weil er mir aber leid tat, klebte ich ihm aus meiner Notfallpackung eine stets mitgeführte Plakette mit der Aufschrift *Feinstaubfrei gemäß EURONORM 4* auf die Kummerzahn-Brust.

Nicht um den Toten zu schänden, sondern um den Beamten der Kripo auch mal etwas Spaß bei der Arbeit zu gönnen.

Ich muss hierzu erklären, dass ich mich des Öfteren bemühe, den Kollegen vom *Dezernat Mord & Totschlag* behilflich zu sein, wenn dies auch ihr Chef meist nicht so recht zu würdigen weiß. So auch heute, als die von mir alarmierte Truppe inklusive Tatortfotograf, Spusi und Leichenschnippler eintraf.

„Schon wieder diese nervige Privatschnüffler-Tante Häm-Börger! Haben Sie eigentlich nichts Besseres zu tun, als sich in meine eh schon aufreibende Arbeit zu mischen?" brüllte Kriminalhauptkommissar Wachmann mit violett angelaufenen Wangen. „Sie könnten bei diesem Schmuddelwetter doch so schön mit irgendeinem Lover in Ihrem Himmelbettchen herumturnen. Stattdessen spielen Sie hier Umweltschutzamt und verteilen Plaketten. Wenn schon, dann wäre hier sogar *EURONORM 5* richtig gewesen!" Sein hinterhältiges Grinsen konnte er dabei nur schlecht verbergen. Aber wir beide kennen uns gut aus anderen *kriminellen* Begegnungen und ich weiß seine Anzüglichkeiten wegzuducken.

Immerhin bestätigte er widerwillig meine Vermutung, dass offensichtlich weder ein Kapitalverbrechen noch Suizid vorlag. Dafür musste man noch nicht einmal die Obduktionsergebnisse abwarten. Für diese Tat gab es nur ein mögliches Motiv: Durst! Unstillbaren Durst! Kummerzahn hatte sich schlicht und einfach mangels anderem Hochprozentigen mit dem falschen Flascheninhalt den Kragen abgesoffen. Schluss! Basta!

Und es klang schon fast wie ein Dankeschön, als mir der Kriminalhauptkommissar eine noch volle Flasche von dem unvermischten Frostschutzmittel in die Hand drückte und mit seinem scheinheiligen Grienen riet: „Aber bitte immer nur in kleinen Schlückchen, liebe Frau Burger-King, damit Sie uns noch recht lange erhalten bleiben!"

Scheidung auf mexikanisch

Mal ganz ehrlich, meine Herren, haben Sie gelegentlich nicht auch schon mit der Idee geliebäugelt, Ihre Ihnen lebenslänglich angetraute beste Ehefrau von allen (Zitat Kishon) gegen etwas Frischgemüse vom Großmarkt einzutauschen? Überall ist man diesen Anfechtungen schutzlos ausgesetzt: Am Strand von Arenal genauso wie an der Hotelbar oder vor allem in der Kur. Überall aalt sich Frischfleisch in der Sonne, setzt sich auf dem Barhocker in Szene oder schmelzt beim schwülstigen Tango im Catchergriff dahin. Die Bewerberinnen stehen Schlange, aber da ist nun mal leider dieses kostspielige Hindernis, das es zu beseitigen gilt, bevor Lulu, Jeanette oder Beatrice in die Luxusvilla einziehen können.

Der Zufall wollte es, dass ich im Wartezimmer anlässlich meines kürzlichen Zahnarztbesuches in einem Boulevardblättchen von einer *Mexikanischen Scheidung* las. Diese besteht darin, dass man einem Berufskiller 5.000 Euro im Voraus in bar aushändigt, auf einem Vordruck gewünschte Todesart, Tag und Uhrzeit ankreuzt und schon kurz darauf ist man Witwer. In dieser Pauschale sind ein lupenreines Alibi sowie benötigte Materialien wie Munition, Pfeile, Rattengift etc. bereits enthalten. Leider ist es - noch - nicht möglich, die doch erheblichen Auslagen in der Einkommensteuererklärung weder unter *Außergewöhnlichen Belastungen* noch unter *Spenden* abzusetzen. Ich notierte mir für alle Eventualitäten die Kontaktdaten und verstecke sie zu Hause sicher vor NSA und BND im Rasierapparat.

Ich fing an, mein monatliches Taschengeld anzusparen, um für den Fall der Fälle finanziell gerüstet zu sein. Sogar meinem holden Weibe fiel auf, dass ich mich im Biergarten anstatt der obligatorischen acht Weizenbiere mit drei Flaschen Mineralquelle extra dry zufrieden gab. Und im Restaurant verzichtete ich zugunsten eines ordinären Wurstsalates auf mein geliebtes   Rindersteak vom freilaufenden argentinischen Jungbullen.

Es kam wie es kommen musste. Am Hochzeitstag meckerte die Dame des Hauses schon am frühen Morgen, ob mir denn wirklich keine andere *Treueprämie* mehr einfiele als jedes Jahr wieder diese mickrige goldene Armbanduhr mit Brillanten plus einem großen Strauß roter Rosen.

Gut, wenn sie denn unbedingt mit ihrem sowieso unwertigen Leben spielen will….. Das Maß war voll. Voll bis zum Überlaufen!

Ich holte die E-Mail-Adresse des Beseitigers menschlichen Unrats aus meinem Rasierapparat und schickte meinen Wunschzettel ab: Am kommenden Samstag, 13 Uhr, Spülbecken in der Küche unter Strom setzen. Mein Alibi: Golfrunde mit Generaldirektor Olaf Löw-Heckmann von der Commerzbank. Der Vollstrecker schickte mir daraufhin den Schlüssel eines Schließfaches im Hauptbahnhof zu, wo ich den vereinbarten Betrag hinterlegte.

Ich befand mich in solcher Hochstimmung, dass sich mein Handicap auf der samstäglichen Rasentour erstaunlich verbesserte. Als ich dann die Haustüre unserer Villa pünktlich um 14 Uhr öffnete, kam mir ein kräftiger Wasserstrahl entgegen. Jetzt hatte ich mir doch tatsächlich wegen dieser Aktion auch noch nasse Socken eingehandelt. Anscheinend war der Stromstoß so kräftig dosiert gewesen, dass meine Ex-Gattin nicht einmal mehr den Wasserhahn zudrehen konnte.

Im Keller köpfte ich die beste Flasche Champagner und stieß mit mir vor dem Garderobenspiegel auf den frischgebackenen Witwer an. Frei, frei, endlich frei! Alle Aktien, die Firma, das Ferrari-Cabrio und der Porsche – alles mein! Ein unbeschreibliches Glücksgefühl befiel mich. Danach rief ich das Polizeirevier zwecks schnellstmöglicher Beseitigung der Leiche an.

Die Spurenlage war eindeutig: Unverschuldeter häuslicher Unfall durch handwerklichen Fehler.

Gleich am nächsten Morgen schickte ich folgende Mail an die Redaktion der regionalen Tageszeitung:

Willfred Geilheimer
An der Wasserscheide 34
63978 Niederschlachten   den 18.08.2014

An den Mittelfränkischen Boten
Postfach 11 22 33
89890 Nürnstein

Betreffs: Inzeitungsetzung einer Todesnachricht

Sehr geehrte Damen,

hiermit bitte ich um Aufnahme folgenden Textes (zwei-spaltig) unter der Rubrik „Anzeigen –Verschieden":

Überaus plötzlich und daher relativ ungeplant schied meine unendlich geliebte Gattin

Eugenia Geilheimer

aus dem Leben und von mir.

In unsäglichem Schmerz und ewig währender Treue

Willfred Geilheimer

(Attr.Erscheinung, nett, gebildet, NR, NT, gutsituiert, sportl., dunkelh., Cabriofahrer, vielseitig begabt, flotter Tänzer und allem Schönen aufgeschlossen.)
Freundliche Anteilnahme erbeten unter will-geil.de

Eine Woche im Überschwang der Gefühle lag hinter mir, als es an der Haustüre läutete. Ein groß gewachsener Mann mit Hut und Trenchcoat im Columbo-Look fragte höflich an, mit wem er die Ehre habe.

Ich nannte artig meinen Namen und war gerade mal bei Geil…. angekommen, als schon eiserne Bandagen um meine Handgelenke klackten.

„Gestatten: Kriminaloberkommissar Hendrixen. Ich nehme Sie fest wegen Anstiftung zum Mord an Ihrer Gemahlin Eugenia Geilheimer. Sie haben leider vergessen, in Ihrem Computer den besagten Brieftext zu löschen. Und Ihr Auftragnehmer, ein gewisser Herr Wrodlowskarian, hat plötzlich ganze Arien gesungen über die „Unfälle", mit denen er überall im Land fröhliche Witwer und Witwen hinterließ. Ach ja, ehe ich es vergesse. Bei uns hat eine Dame namens Lulu angerufen und gefragt, ob sie schon mal den Ferrari abholen könne. Sie würde gerne damit für zwei Monate mit einem gewissen Antonio Comebaldi zu Ihrem Feriendomizil an der Cote d`Azur fahren.

Eine Bomben-Stimmung

„Sapperlott! Da soll mich doch gleich der Teufel in den Hintern treten!" Josef „Sepp" Holdermüller, seines Zeichens Dezernatsleiter Mord und Totschlag bei der Kripo Heilbronn, war außer sich vor Zorn. Seine Bärenpranke landete karatemäßig so heftig auf dem völlig unschuldigen Bürotisch von Zimmer 1.14, dass sich der prall gefüllte Aschenbecher selbständig machte und gegen die eh schon altersschwache Kaffeemaschine donnerte.

„Vorgestern eine Briefbombe an den Vize-Werksleiter bei Audi, gestern Evakuierung vom *Altersheim Gute Nacht* wegen Verdacht auf Fliegerbombe aus dem Dreißigjährigen Krieg und jetzt auch noch Bombendrohung im Obi-Baumarkt. Mir stinkt´s granatenmäßig. Ich trete sofort meinen Jahresurlaub an."

„Mit dem *granatenmäßig* haben Sie den Nagel auf das Köpfchen getroffen, Chef", stimmte ihm KM Klaus Wegner, hauptamtlicher Witzbold unter den Kollegen, zu. „Es heißt ja nicht umsonst:

Wer Angst hat, meide die Granate
und hol sich Trost bei der Renate."

Was war geschehen? Die Sommerferien hatten gerade begonnen und in den meisten Firmen auch der Betriebsurlaub. So kam es, dass der an den Audi-Werkleiter adressierte dicke Briefumschlag im Vorzimmer seines Vertreters landete. Weil die angestammte Sekretärin aber auch von einer Kollegin vertreten wurde, hielt diese das Kuvert für eine schnöde Werbesendung und übergab sie ohne Hemmungen dem Papierkorb. Dieses eigenmächtige Vorgehen rettete ihr zumindest drei Finger der rechten Hand.

Denn genau während der Mittagspause machte sich die Briefsendung im Papierkorb selbständig, als Adelheid Schreiber-Ordner ihre leere Milchflasche just auf den besagten Umschlag fallen ließ. Die recht ordentliche Detonation hinterließ dort folglich Rückstände im aschemäßigen Zustand. So ließen sich durch Holdermüllers Mannschaft weder Absender noch Inhalt des Schreibens und schon gar nicht etwaige Fingerabdrücke ermitteln.

Suche nach Motiv und möglichen Tätern konnte somit von vornherein erfolglos abgeblasen werden. Eine Minimalchance würde sich nur dann ergeben, wenn Kollege Zufall wieder mal seine Hand im Spiel hätte.

Am gestrigen Freitag dann der aufgeregte Anruf des Baggerführers von der Baustelle neben dem Seniorenheim. Er sei beim Erdaushub auf ein größeres Metallteil gestoßen und habe keinerlei Lust, sich jetzt schon zu den Engelein zu begeben, ohne dass er noch vorher seinen Lottozettel abgegeben hätte. Was blieb Sepp Holdermüller also anderes übrig, als die Bewohner in der näheren Umgebung mittels Lautsprecherdurchsage, Handblätter in sieben Sprachen sowie Glockenläuten an jeder Haustüre in die Schulturnhalle zu evakuieren und den Kampfmittelbeseitigungsdienst anzufordern?

Die vermeintliche Fliegerbombe stellte sich dann glücklicherweise als eine mittelgroße 200-Liter-Milchkanne aus Edelstahl heraus. Die Nachforschungen ergaben, dass sich an dieser Stelle früher ein größeres landwirtschaftliches Anwesen mit Milchviehbestand befand.

Und jetzt ausgerechnet am Samstagmorgen auch noch dieser Anruf bei der Obi-Telefonzentrale. „Kennen diese degenerierten Bombenbastler denn keine Fünf-Tage-Woche?" schrie Holdermüller immer noch stinksauer im Dienstwagen auf der Fahrt zum Baumarkt. „Auch das Wochenende müssen sie mir noch vermiesen. Dann noch ausgerechnet zur Ferienzeit, wo sämtliche Hobbyfliesenleger und Elektroexperten sich im eigenen Häusle austoben. Und wenn ich dann noch die *Schnäppchenangebote nur für diesen Samstag* lese: Rasenmäher mit integriertem Maulwurf-Navi, Holzbriketts für kühle Grillabende oder Zehn-Kilogramm-Packung Schneckenkorn mit Wodka-Feeling. Ich könnte mir die Achselhaare raufen. Auf jeden Fall bin ich in einer Bomben-Stimmung!"

Inzwischen hatte sich im Büro des Marktleiters die gesamte Führungsriege - soweit nicht auch im Urlaub auf den Malediven – eingefunden. „Das ist eine Katastrophe", jammerte Hans-Kurt Dübel, der Chef über Akkubohrer, Dispersionsfarben und Grassamen. „Wenn wir die Kunden rausschicken müssen, bedeutet das für uns einen Verlust von mehreren Zehntausend Euro."

„Und wenn der Kerl seiner Drohung die Tat folgen lässt?", schnauzte ihn der Dezernatsleiter ungehalten an.

„Wollen Sie es etwa auf Ihre Kappe nehmen, wenn es hier Tote und Verletzte gibt? Sie sind doch bestimmt gegen derlei Risiken versichert."

Inzwischen war auch Ordnungsamtsleiter Ohnesorg von der Stadtverwaltung eingetroffen. „Ich war gerade bei Aldi bis an die Kasse vorgedrungen, als dieses dämliche Handy vibrierte. Da bleibt wohl der *Schwarze Peter* mal wieder an mir hängen, was Leute?" meinte er resigniert. „Habt ihr schon was Genaueres?"

„Nur das Telefongespräch, das wir auf Band aufgezeichnet haben", lenkte Marktleiter Dübel jetzt ein. „Ich lasse es mal abspielen."

Eine männliche Stimme mit eindeutig osteuropäischem Dialekt sagte: „Ein halb Million mit klein Scheine in Aldi-Gucke in drei Stund auf Volvo-Rasenmäher zum Sonderpreis von 199 Euro ablegen. Sonst Bomb mache in Obi alle kaputt. Rufe in ein Stund von neue an. Kapiert?"

„Wir haben keine Alternative, meine Herren", betonte Verwaltungsrat Ohnesorg. „Ich glaube zwar, dass der Anrufer ein Spinner ist, der sich aus irgendeinem Grund wichtigmachen will. Aber in einem Baumarkt gibt es natürlich Tausende von Möglichkeiten, Sprengstoff zu verstecken. Wir haben ab jetzt noch zwei Stunden und vierzig Minuten Zeit. Ich schlage vor, dass die jeweiligen Abteilungsleiter möglichst unauffällig in jede Ecke schauen und vorsichtig jeden Papierkorb ausleeren. Bitte vorerst keine Infos an die übrige Belegschaft und schon gar nicht an die Kunden. Panikmache wäre das Allerletzte, was wir jetzt brauchen können."

„Ich sehe das genauso", nickte Sepp Holdermüller zum Vorschlag. „Falls sich der Typ in einer Stunde wieder melden sollte, gehen wir zum Schein auf seine Forderung ein und bitten die Kunden, wegen eines technischen Defekts den Markt in Ruhe zu verlassen. Ist der wirklich so dämlich, zu glauben, er gewinnt `ne halbe Million im Obi-Lotto am Samstag, ohne dass wir ihn hops nehmen?"

„Und falls er sich nicht mehr meldet, müssen die Kunden trotzdem verschwinden. Dann können wir auch in aller Ruhe abwarten, wer denn nun die angebliche halbe Mille in der Aldi-Tüte abholen kommt", ergänzte Verwaltungsrat Ohnesorg.

Die Vorbereitungen liefen nun - wie im Team abgesprochen - ab. Ganz ohne übertriebene Hektik und anhand der Check-Liste, die für solche Fälle bereits in mehreren Übungen durchgeprobt worden war. Aber Papier ist bekanntlich geduldig und der Ernstfall kein Würfelspiel.

„Dieser Fall birgt offensichtlich Sprengstoff in sich", konnte sich wieder einmal Kriminalmeister Klaus Wegner seinen Kommentar nicht verkneifen.

„Willst du dir eine Bombe bauen,

musst du dir erst den Sprengstoff klauen.

Hoffentlich hat er sein Bömbchen zwischen den Tapetenrollen mit dem Rosenblumenmuster versteckt. Damit möchte nämlich meine Oma unbedingt mein Zimmer tapezieren lassen."

Alle machten sich nun an die Arbeit. Jeder Beamte kannte seine Aufgabe. Pünktlich zu der angekündigten Stunde meldete sich der Anrufer tatsächlich wieder. „Liegt Geld bei Rasmäher? Hol ab in zwei Stund. Hab Granat in Hand. Wenn nix Geld oder kommt Bollizei, ich mach Bumm!"

Bei der unauffälligen Überprüfung des Marktes

durch die leitenden Angestellten konnte nirgends ein Sprengsatz entdeckt werden. Der Markt leerte sich allmählich und die Kunden wurden mit tausend Entschuldigungen auf den nächsten Werktag vertröstet.

Inzwischen hatten die Abteilungsleiter auch ihre Mitarbeiter informiert und jeder wurde angewiesen, die Augen nach verdächtigen Individuen offenzuhalten.

Ein Verkäufer aus der Abteilung Mause- und Rattenfallen hatte zufällig eine Aldi-Tüte dabei, in der er sein bescheidenes Frühstück transportiert hatte. Diese wurde nun mit Glaswolle ausgestopft und als Geldbehälter-Attrappe auf dem genannten Werbe-Rasenmäher ausgelegt.

Danach wurden alle Mitarbeiter des Marktes aus Sicherheitsgründen in die Kantine geschickt, wo ihnen ein Unterberg auf den samstäglichen Schrecken genehmigt wurde.

Sepp Holdermüller verteilte seine Mannschaft rings um den geplanten Geldübernahmeort; Verstecke gab es in dem Markt ja mehr als genug.

Und siehe da: Genau um 11 Uhr öffnete sich die Automatiktür und eine üppige Blondine mit Stöckelschuhen betrat den Ausstellungsraum. Dabei schaute sie sich andauernd vorsichtig um. Sie näherte sich dem 199-Euro-Volvo-Rasenmäher und ergriff die als Köder ausgelegte Aldi-Tüte.

In diesem Moment stürmten aus allen Ecken die Kriminalbeamten und stürzten sich auf den Kurier in Blond. Ehe es sich die Lady versah, hatte sie zusätzlich und stylisch vollkommen unpassend zu der edlen Uhr nun auch noch rostfreie Edelstahlreifen an den Handgelenken. Dass es keine Koseworte waren, die sie den Beamten entgegenschleuderte, konnten diese auch ohne Russisch-Dolmetscher erraten.

Dem Kollegen Wegner gebührte wieder das letzte Wort: „Sie zählen nun zu den *Ausgebomten*, gnädige Frau. Wir werden Sie daher auch voller Mitgefühl regelmäßig im Knast besuchen und eine Runde Monopoly mit Ihnen spielen".

Fremdgehen für Quereinsteiger

„Ohne Kopf, entdarmt, glasiert und mit Schwanz-
segment".

Nicht, dass Sie jetzt gleich wieder einen folgen-
schweren Kriminalfall wittern. Nein, ich will mir
zum Abendbrot einfach mal etwas Leckeres gönnen
– fernab jeglicher Döner- und Currywurstbuden oder
Pizzerias: Riesengarnelen. Diese in Knoblauch und
extra nativem Chili-Olivenöl angedünsteten Schwanz-
füßler liegen gerade verlockend duftend mit geröste-
tem Ciabatta-Brot auf meinem Teller, als dieses ver-
fluchte Handy vibriert. Diese Unterbrechung meines
köstlichen Mahls kann man eigentlich nur mit einem
Coitus interruptus gleichsetzen.

„Privatermittlungen aller Art bei Tag und Nacht
durch Hella Häm-Börger und womit darf ich Ihnen unter die problembeladenen Arme greifen?" quetschte
sich meine Stimme ziemlich angefressen durch den
Äther.

„Hier spricht Detlef Hintermann. Frau Detektivin,
ich brauche dringend Ihre Hilfe. Bitte kommen Sie zu
sofort mir. Ich sitze ganz tief in der Klemme um nicht
zu sagen, in der Sch..... Ich wohne an der Brookwedder 23 d. Ich flehe Sie an: Kommen Sie, bevor die Polizei anrollt."

Riesen-Garnelen adieu! Warum habe ich mir nicht
einen Bürojob mit Stechuhr ausgesucht, bei dem man
ab 15 Uhr die Haarlöckchen ordnet, die Lippen nach-
schminkt und superpünktlich um 15.35 Uhr den Rie-
men runterschmeißt? Nein, ich muss ja unbedingt in
den Affären fremder Leute herumschnüffeln. Ande-

rerseits: Ich kann mir Riesen-Garnelen leisten – falls man mich denn lässt.

An der Brookwedder 23 d war abgedunkelt wie bei Fliegeralarm im Zweiten Weltkrieg. Zum Glück hatte ich mein LED-Feuerzeug dabei, sonst hätte ich womöglich noch an der falschen Türe geklingelt.

Ein total aufgelöster Achtundfünfzigeinhalb-Mann öffnete mir, wobei er sich ängstlich nach allen Seiten umblickte. „Frau Detektivin? Bitte treten Sie ein", flüsterte er mit vom vielen Weinen nasser Stimme.

Die Wände im Wohnzimmer trugen richtig schwer an mehreren Picasso-, Rembrandt- und Dali-Lithographien. Automatisch setzte ich im geheimen einen höheren Stundensatz an.

„Ich bin Firmenkundenberater bei der hiesigen Direktion der Deutschen Bank. Wenn man von meinem Problem erfährt, bin ich beruflich und sozial geliefert. Kein Hund nimmt dann mehr eine Dose Chappi von mir. Sie müssen wissen, dass ich vor kurzem einen Kurs „Fremdgehen für Quereinsteiger" belegt habe. Ich bin zwar nicht verheiratet, aber mit der Tochter des weltweit führenden Klobürstenherstellers *Putzmunter* und Präsidenten unseres exklusiven Goldfischzuchtvereins liiert. Ich gebe zu, dass bei dieser Liaison meinerseits hauptsächlich finanzielle Gründe eine Rolle spielten. Sexuell läuft mit dieser kaltgerührten Braut auf dem Abstellgleis nämlich überhaupt nichts.

Im Internet stieß ich zufällig auf den erwähnten *Grundkurs,* der auch entsprechende *Kontakte zum praktischen Üben* anbietet. Heute besuchte mich denn auch eine Dame des *Instituts mit garantiertem*

Fremdgehen. Stellen Sie sich meinen Schrecken vor, als die Übungspartnerin in der Tür stand und sie mich hinterhältig anlächelte. „Ja, das ist aber eine Überraschung. Der Geldhai Detlef von der Deutschen Bank. Möchtest also auch bei unserer Fremden-Legion eintreten?"

Kaum in der Wohnung, redete sie Klartext. „Damit wir uns gleich richtig verstehen, du verklemmtes Schlappschwänzchen. Mit dem üblichen Mitgliedsbeitrag ist es in diesem delikaten Fall natürlich nicht getan. Ich kenne dein Problem ja aus den Unterlagen und entweder du machst fünfzig dufte Riesen locker oder dein Arbeitgeber und dein holder Pseudo-Schwiegervater erfahren, was ihr angesehener Detlef in Wahrheit doch für ein geiler Kuckuck ist. Ich lasse dir ein wenig Zeit zum Gelddrucken, aber übermorgen Abend 22 Uhr am Kiosk ´Bei Kalle´ am Brink darfst du mir das prall gefüllte Kuvert überreichen. Und wehe du kommst nicht. Dann darfst du künftig an deinem Arbeitsplatz Kinderspardosen leeren. Tschüs, mein lieber Quereinsteiger!"

„Hätten Sie doch lieber einen Yoga-Kurs bei der AOK gebucht. Das wäre preiswerter gewesen", konnte ich mir nicht verkneifen. „Oder ´ne Lolita auf der Herbertstraße. Jetzt haben wir einen lupenreinen Erpressungsversuch auf dem Schreibtisch. Okay, ich kümmere mich um die Sache. Mein Tagessatz ist 450 Euro plus Spesen sowie 38 Prozent Mehrwertsteuer." Schnell überschlug ich den Endbetrag im Kopf. Verflixt, immer wenn ich ihn brauche, habe ich den Taschenrechner nicht parat.

„Gar kein Problem, Frau Häm-Börger. Wenn Sie

mir nur aus der Patsche helfen können", seufzte der verhinderte Seitensprung-Lehrling. „Hauptsache, die Polizei, mein Arbeitgeber und mein Schwiegervater erfahren nichts."

„Ich werde die Sache ganz allein angehen, Herr Hintermann. Vermutlich wird die Frau Gierig-Schein nicht persönlich zum Übergabetermin erscheinen, sondern einen schlagkräftigen Mitarbeiter, Typ Türsteher, schicken. Aber auch mit diesem werde ich fertig. Notfalls mit buntem Pfefferspray oder einem High Heel zwischen die Beine. Ich hole also übermorgen um 21 Uhr den Geldkoffer bei Ihnen ab."

Jetzt aber schnell nach Hause, um mein Honorar schon mal hochzurechnen. Damit ließen sich sogar fünf Tage *Wellness pur* in Bad Kühlingsborn fest einplanen. Begleitet von einer Flasche Chablis Jahrgang 1991, Schlossabfüllung Baron Rothschild, verzehrte ich die aufgewärmten Riesengarnelen.

Da bis zu meinem Auftritt bei der Erpresserin nichts Unaufschiebbares im Kalender stand, genoss ich die freie Zeit mit Besuchen beim Lieblingsitaliener, Lieblingsgriechen und Lieblingssushianer.

Zwei Stunden vor dem vereinbarten Geldübergabetermin überprüfte ich zur Sicherheit nochmals meine Standardausrüstung. Ich besitze natürlich einen ordnungsgemäß gestempelten und signierten Waffenschein. Böse Zungen bei den Zivil-Cops behaupten ja, ich benötigte bereits für meine Kleidung einen solchen. Alles purer Neid. Ich ölte also meinen Friedensstifter (texanisch: PeaceMaker) und schob sicherheitshalber sechs ungebrauchte rostfreie Patronen in die Kammern. Auch die Pfeffermühle füllte ich bis zum Rand nach. Mein Outfit wählte ich so aus, dass ein männlicher Geldbote zwangsläufig heftig abgelenkt sein würde. Und die Tussi würde ich sowieso um das linke Handgelenk wickeln.

Es lief dann auch wie geplant. Die Chefin und Gewerbeerlaubnis-Inhaberin erschien genauso persönlich wie pünktlich, um die Scheinchen in Empfang zu nehmen.

„Hallo, ich bin die gute Lottofee", empfing ich sie warmherzig und nahm sie gleich mal in den Schwitzkasten. „Und nun öffne mal weit deine Lauscher auf das, was ich dir zu flüstern habe. Entweder du streichst den quereinsteigenden Detlef aus deiner Fremden-Kartei oder ich funke den lieben Kriminalhauptkommissar Fass-Arco von der Sitte an und erzähle ihm ein allerliebstes Märchen von einer erpresserischen Goldmarie. Also, was ist?"

In ihrem Anfall von Schwäche und Reue ließ ich sie vor mir auf die Knie fallen, wobei sie zirka siebenundfünfzig Eide schwor, ab sofort zu den ehrlichen Mitbürgern zählen zu wollen. Ich hatte Mitleid und nebenbei locker 1.647,93 Euro verdient. Detlef Hintermann aber nahm ein Angebot seines Hilfs-Schwiegervaters an, bei ihm als Klobürstenprokurist in den Vorstand aufzusteigen – bei einem *putzmunteren* Fixgehalt, das kein Vernünftiger in die Kanalisation spült. Und mir versicherte er aus immerwährender Dankbarkeit, bei Problemen in der Firma (zum Beispiel Klobürstenspionage) jederzeit auf meine Dienste zurückzugreifen. Als kleines Präsent überreichte er mir noch eine handgefertigte Klobürste mit vergoldetem Griff.

Von wegen alter Knacker

Es war doch schon immer so. Es gibt Leute, die auf Kosten anderer stinkereich werden, wie zum Beispiel Investmentbanker, Staranwälte, Fußballtreter oder korrupte Politiker. Während der Rest versuchen muss, durch seiner Hände Arbeit ein bescheidenes Auskommen zu erreichen, als da sind Handwerker, Zahnärzte und Geldschrankknacker.

Oswald Scharfzahn & Söhne sind seit Generationen führend in der Produktion von Paternostern. Und über all diese Generationen hinweg hat sich auch nichts geändert in der Firmenphilosophie, der Fabrikation und der Büroausstattung. Das heißt: Kaffeeautomat, Computer oder Onlinebanking Fehlanzeige! In dieser Firmenhierarchie, die momentan von Oswald dem Dritten – einem 86-Jährigen – bestimmt wird, stehen allein Tradition und Werte an allererster Stelle.

Hier werden die Geschäfte noch per Handschlag und durch Barzahlung abgewickelt. Und da Paternosteranlagen sich kostenmäßig nicht gerade auf Discountniveau bewegen, muss ein Tresor für solche Rechnungssummen schon gewisse Dimensionen aufweisen. Natürlich legt auch hier Firmenchef Oswald Scharfzahn III. von Scharfzahn & Söhne Wert auf deutsche Wertarbeit. Neumodische Kinkerlitzchen wie Wachdienst, Bewegungsmelder, Alarmanlagen oder Überwachungskameras wurden deshalb von jeher als überflüssig ausgeblendet. Ehrlichkeit innerhalb des Personals und gegenüber den Kunden gehört zu den hehren Prinzipien.

Und genauso wenig, wie man sich vom aktuellen Firmeninhaber trennen möchte, trennt man sich vom genauso betagten und altersschwachen Geldschrank im Chef-Büro. Wobei die Bezeichnung „Schrank" absolut berechtigt ist, denn zum Öffnen der zwanzig Zentimeter dicken Tür genügt wie bei einem normalen Türschloss ein vorsintflutlicher Schlüssel. Keine Zahlenkombinationen links- oder rechtsherum samt überdimensionalen Handrädern oder Codes per Funksteuerung. Dieser Schrank hat Kriege heil überstanden und ein Einbruch in das Allerheiligste wurde bisher noch nie versucht. Zu diesem Tresor gibt es bis heute nur einen Schlüssel und diesen trägt der aktuelle Oswald traditionell unter dem rechten Sockenhalter. Da auch die Chefsekretärin alters- und outfitmäßig stets dem Firmenpatriarch angepasst ist, ist damit etwaigen Gefahren vorgebeugt, sie könnte seinen Sockenhaltern etwa in entbrannter Leidenschaft zu nahe rücken. Ja, man könnte sagen, bei Scharfzahn & Söhne ist man in der heilen Welt der schwarz-weiß Edgar-Wallace-Filme der Sechziger Jahre stehen geblieben.

Ähnlich betagt ist auch Edgar Stahlbeißer, seit zwanzig Jahren im Ruhestand. In einem sehr bescheidenen Ruhestand, denn die Rente aus dem früheren Arbeitsverhältnis bei der Firma Dick & Hart GmbH & Co. KG reicht kaum aus, um regelmäßig beim Samstags-Lotto mitzuspielen. Und dabei möchte Edgar sich doch, bevor er den Löffel abgibt, noch seinen Lebenstraum erfüllen: Ein kleines Segelboot vor den ebenfalls Kleinen Antillen.

Akribisch hatte er während seines langen Arbeitslebens aufgelistet, wo überall er einen Tresor von Dick & Hart GmbH aufgestellt hatte. Er kannte sämtliche Modelle genauso in- und auswendig wie das Getränkeangebot in seiner Stammkneipe. Dort wurde er des Öfteren von angetrunkenen Jungspunden verspottet. „Na, du alter Knacker. Ohne Moos nichts los!" Und so entschloss er sich - quasi aus reiner Notwehr -, es allen zu zeigen und im sportlichen Wettkampf die Firma Oswald Scharfzahn & Söhne als Geldschrankknacker um ein paar Scheine zu erleichtern. Ohne Schlüssel und ganz ohne Brutalität gegen etwaige Mitarbeiter. Allein mit handwerklichem Ehrgeiz und Können wollte er diese *Spardose* öffnen.

Beim Tresorknacken unterscheidet man zwischen *Kalter und Heißer Arbeit.* Zu letzterer gehören das Schweißen und das Sprengen. Doch das ist nicht Edgars Ding. In einer dunklen Nacht im November drang er in die ungesicherte Firma und damit auch in das Chef-Zimmer von Oswald Scharfzahn III. ein und sortierte in aller Ruhe das mitgeführte Werkzeug.

Edgar Stahlbeißer entschied sich für die Technik des "Aufknabberns". Dabei bedient sich der Einbrecher eines *Knabbers,* der aus Kopf- und Hebelarmen bestehend wie ein überdimensionaler Dosenöffner funktioniert.

Der nächtliche Gast bohrte also sachkundig an der rechten Seitenwand ein paar Schlitze, bis er zwei Seiten eines Dreiecks in Form eines V aufknabbern konnte. Da Edgar noch über die erforderliche Körperkraft verfügte, gab der Tresor-Opa schon nach kurzer Zeit alle Widerstände auf und dem Facharbeiter i.R. fielen die Tausender regelrecht in den Schoß.

Er zählte so viel ab, wie er für seine Second-Hand-Karibik-Jolle und ein Bier-Jahresabonnement bei der „*Flotten Annie*" benötigte. Die verbliebenen Geldbündel verstaute er wieder im Tresor. Daneben legte er den korrekt vorbereiteten Rückgabeschein für das ausgeliehene Werkzeug, denn er war nun mal ein durch und durch ehrlicher Mensch.

In der Kneipe aber grinste Edgar Stahlbeißer genüsslich vor sich hin, wenn ihn wieder einmal ein forscher Knabe mit *Na, du alter Knacker* hänselte und spendierte diesem großzügig ein Bier.

Helmut in Öl

„Helmut, wo bleibst du denn? Das Mittagessen steht doch schon auf dem Tisch! Haben Sie zufällig meinen Mann gesehen, Frau Dreifach-Wenzelhagen?" rief sie in den Nachbarsgarten hinüber. „Er wollte nur noch schnell etwas erledigen."

„Nein, Frau Nachtigall, im Garten war er nicht. Ich habe nämlich den Rasen gemäht und da wäre er mir bestimmt aufgefallen."

Doch Helmut Nachtigall war auch bis zum Abendessen noch nicht aufgetaucht. Seine Frau suchte daraufhin das ganze Haus ab – vom Dachboden bis zum Keller. Keine Spur! Da bekam sie es nun doch mit der Angst zu tun und sie meldete ihren Angetrauten beim Polizeirevier als vermisst.

Als die beiden diensthabenden Beamten erschienen, versuchten sie die adrette Vierzigjährige zuerst zu beruhigen. „Machen Sie sich mal keine Sorgen, Frau Nachtigall. Hat Ihr Mann irgendwelche Andeutungen gemacht, ob er bestimmte Arbeiten erledigen wollte?" erkundigte sich Herbert Bastians.

„Ja, jetzt wo Sie es sagen, fällt mir ein, dass er nach dem Öltank schauen wollte – vor Beginn der Heizperiode."

„Also, fangen wir im Keller an, Werner. Schau mal, da ist tatsächlich die Einstiegsklappe zum Tankraum offen und auf dem Boden liegt auch eine Brille. Aber der Tank scheint ordnungsgemäß verschlossen. Das heißt, der Deckel ist ja gar nicht fest verschraubt. Da stimmt doch was nicht. Komm mal her!"

Werner Bauer und Herbert Bastians hoben den

schweren Verschlussdeckel des kellergeschweißten Tanks hoch und ließen ihn vor Schreck fast wieder fallen. Denn im Öl schwamm ein lebloser menschlicher Körper.

„Rufe bitte sofort die Kripo an. Ich halte solange hier die Stellung. Der Frau Nachtigall sagen wir aber noch nichts, solange wir nicht wissen, ob es wirklich ihr Mann ist."

„Wollt ihr mich verarschen?", brüllte Dezernatsleiter Josef „Sepp" Holdermüller in den Hörer. „Okay, wir rücken an. Aber wehe, ihr habt euch verguckt, dann lege ich euch beide eigenhändig in Aspik!"

Mit Tatütata traf in Rekordzeit die komplette Mord- und Totschlagsermittlungsmannschaft der Heilbronner Kripo ein - inklusive Gerichtsmediziner Dr. Messer-Wetzer und Staatsanwalt Greifer.

Kriminal(humor-)meister Klaus Wegner war wie immer in Hochform und so konnte er sich bei einem Blick in den Heizöltank die Bemerkung nicht verkneifen: „Ich habe ja schon viel erlebt. Chilischoten in Öl, Knoblauchzehen in Öl, Oliven in Öl. Aber Mann in Öl – das ist auch für mich `ne neue Geschmacksvariante. Immerhin ist er gut eingecremt für`s nächste Sonnenbad."

KK Müller 2 und Kollege Blaumann fischten den Körper aus dem halbvollen Tank und legten ihn auf eine Decke im Heizraum. „Doc, können Sie schon etwas sagen?" wandte sich Chef Holdermüller wie immer ungeduldig an den Pathologen.

„Genaueres wie immer erst nach der Obduktion. Aber es ist zumindest nicht sicher, ob das Opfer im Öl ertrunken ist oder ob es bereits bewusstlos in den

Tank gestoßen wurde. Denn am Hinterkopf ist eine deftige Beule von einem Schlag mit einem stumpfen Gegenstand nicht zu übersehen. Dort an der Wand lehnt zum Beispiel eine lange Stange. Vielleicht wollte er damit die Füllhöhe im Tank messen - weil er der Tankuhr nicht blind vertraute - und jemand hat ihn dabei tatkräftig unterstützt. Einen Unglücksfall schließe ich aufgrund dieser Verletzung definitiv aus."

„Also sind wir doch richtig hier", brummte Sepp Holdermüller. „Schimanski, hol mal die Witwe zur Identifizierung her."

Gisela Nachtigall klappte zusammen, als sie die vor Fett triefende Gestalt am Boden liegen sah. „Ja, das ist Helmut. Wie ist das nur möglich? Wir wollten doch morgen für ein paar Tage an den Chiemsee fahren – zum Schwimmen. Und erst vor einer Woche hat er eine hohe Lebensversicherung zu meinen Gunsten abgeschlossen, falls ihm etwas bei seinem gefährlichen Dachdeckerberuf passieren sollte.

„Nachtigall, ick hör dir trapsen", konnte sich KM Wegner wieder nicht zurückhalten. „Wusste denn außer Ihnen noch jemand von der Lebensversicherung?"

„Ich habe zufällig mitbekommen, wie Helmut es seinem Kollegen Lothar erzählte. Lothar First. Der hat auch schon mehrmals versucht, mich anzubaggern. Vergeblich natürlich, denn ich bin meinem Mann immer treu gewesen."

„Also Männer, das übliche Programm. Fingerabdrücke, DNA-Spuren an der Holzstange, usw. usw. Dann schafft mir per Express diesen Lothar First herbei und wenn ihr ihn von einem solchen holen müsstet." Sepp Holdermüller liebte solche Kalauer, denn in diesem Job ist der Alltag ernst genug.

Besagter Lothar war kein Profi-Killer und so brauchte es nur exakt zwei Minuten und 13 Sekunden, bis er ein umfassendes Geständnis ablegte. Sobald die Lebensversicherung an Gisela Nachtigall ausbezahlt worden wäre, hätte er sich ihrer als *guter Freund* des Verblichenen angenommen und sich mit dem Geld selbständig gemacht. Und wer hätte auch gedacht, dass Helmuts Frau nichts Böses ahnend die Sache mit dem Tank ausplappern würde? Seine Rechnung wäre bestimmt aufgegangen, denn wer schaut schon unter normalen Umständen in einen Heizöltank? Vermutlich hätte man die Leiche erst in Jahren bei einer umfassenden Tanküberprüfung und -reinigung entdeckt. Normalerweise sagt man ja Dachdeckern gerne nach, dass sie des Öfteren *vom Hausdach in die Ewigkeit* fallen, aber dass sie sich in Öl einlegen….

Kollege Klaus Wegner blieb es wieder einmal überlassen, das Bonmot zu sprechen. „Erratet mal, was es bei mir heute zum Abendbrot gibt: eine Dose Ölsardinen!"

Der Tod fuhr auf platten Reifen

Annemie Schulze-Kosakewicz stand sozusagen in der Blüte ihres Lebens. 43, blond, sportlich-schlank, bildhübsch, Porschefahrerin und Mitglied des *Golfclubs Loch & Löcher*. Kurzum, sie war eine rundum begehrenswerte Frau.

Dabei liegt die Betonung auf „war". Denn nachdem sie drei diverse Schönheitsoperationen beim Clubmitglied Dr. Ismail Cöngülmoglu absolviert hatte, passten die oben genannten Attribute beileibe nicht mehr. Die vorher knackig-birnenfähigen Pobacken hatten sich in wertloses Fallobst verwandelt. Die Festigung des Busens gelang nur rechtsseitig, weshalb sie beim Cappuccino im Clubhaus aufpassen musste, dass die linke Brust nicht im heißen Getränk verbrüht wurde. Wenn man glaubt, dass diese Quacksalberei nicht mehr gesteigert werden könnte, täuscht man sich. Denn sowohl die Lidstraffung als auch die Oberlippenvergrößerung gingen voll in die Hose.

Annemies hübsches Gesichtchen hatte sich in eine Geisterbahn-Larve verwandelt, mit der sie eigentlich nur noch an Halloween bei Grusel-Beleuchtung unter die Leute durfte. Ihre Augenbrauen waren so unnatürlich hochgezogen, dass man meinte, sie würde auf alles mit Skepsis reagieren. Ihre Oberlippe hatte die wulstige Form einer 80-Jährigen aus dem afrikanischen Senegal angenommen. Und dabei hatte sie sich auch noch diesem Anatomie-Reparateur in einer heißen Liebesnacht hingegeben oder golfsportlich ausgedrückt: Er hatte bei ihr erfolgreich eingelocht.

Wenn das ihr Sigismund wüsste. Der hatte eh schon getobt, als er die Rechnung dieses Kurpfuschers begleichen musste. Den Preis einer halben Yacht hatte er für diesen Murks hingeblättert. Aber seine Klage wurde abgewiesen; man konnte dem Verschönerungs-Schnippsler keine Kunstfehler nachweisen.

Was blieb Annemie anderes übrig, als mit diversen Hilfsmitteln ihre Verunstaltungen einigermaßen zu kaschieren? Ihre Haare ließ sie wild ins Gesicht hängen, ihre Pobacken hob sie mit engen Gummislips und die linke Brust presste sie in eine BH-Spezialanfertigung. Die jugendlich-attraktiven Golflehrer küssten sie nur noch auf die Wange, denn wer versenkt sich auch schon freiwillig in ein Fischmaul? Kurzum: Annemie Schulze-Kosakewiczs Lebensqualität hatte dramatisch an Wert verloren.

Dr. Ismail Cöngülmoglu hatte es doch tatsächlich geschafft, bei den diesjährigen Golfmeisterschaften von „Loch und Löcher" Clubmeister zu werden. Natürlich wurde sein Erfolg im Kreise der Neureichen, Schönen und Scheintoten ausgiebig begossen. Beluga-Kaviar wurde kiloweise gelöffelt und der *Moet Chandon* floss in Strömen. Und so bestieg er im Morgengrauen jenseits aller zulässigen Promillegrenzen seinen Lamborghini Super GT-Zwanzigzylinder. Diesen gewaltigen Pferdekräften hatte er es dann auch zu verdanken, dass er in einer scharfen Rechtskurve eines Waldgebiets plötzlich ins Schleudern geriet und völlig verkehrswidrig geradeaus fuhr. Dort wurde er vom Stamm einer 213-Jährigen Eiche gebremst, was bei manchen Moslems jetzt womöglich gleich wieder eine Rassismus-Debatte auslösen könnte: Deutsche Eiche stoppt türkischen Staatsangehörigen!

Als ihn nachfolgende Clubkameraden fanden, war der ehemals edle Lamborghini in einem solch armseligen Zustand, dass selbst der Schrotthändler angewidert abwinken würde.

Der Zufall wollte es, dass ich - Hella Häm-Börger, Privatermittlerin in allen Lebenslagen - von einem sehr engen Bekannten zu der Clubfeier mitgeschleppt worden war und nun zwangsläufig auch am Unfallort eintraf. Sofort sprangen in meinem Großhirn die Verdachtszellen an. In meinem Job wittert man einfach allzeit und überall das Böse.

Nun wusste ich vom Hörensagen, dass es im Club kaum ein Mitglied weiblichen Geschlechts gab, an dem der schöne Ismail nicht schon sein Messerchen angesetzt hätte. Dass er auch hobbymäßig in ebenso vielen Betten zuhause war, wurde unter der faszinierten Damenwelt als offenes Geheimnis gepriesen. Bei derlei Tätigkeiten schafft man sich zwangsläufig auch Feinde.

Bis zum Eintreffen der Blau/Weiß-Kollegen würde es noch ein Weilchen dauern; ich schaute mir daher den Unfallwagen etwas genauer an. Dem frisch gebackenen Clubmeister war sowieso nicht mehr zu helfen. Er hätte sich noch nicht einmal selbst den Puls fühlen können.

Hatte vielleicht jemand an den Bremsschläuchen herumgeschnippelt oder ein paar Radmuttern gelöst? Aber das würde natürlich der Spurensicherung sofort ins geschulte Auge springen.

Ich streifte den Super-Mini ein bisschen höher,

um mich besser bücken zu können. Dabei ignorierte ich die zotige Bemerkung des Platzwartes, dass man `bei der Dame unbedingt die Steckdose etwas höher setzen sollte` und schaute mir im Knien die Vorderreifen etwas genauer an. Und siehe da, beide Reifen waren aufgeschlitzt. Damit das nicht gleich auffiel, hatte man irgendeine Masse darüber geschmiert, die sich zwangsläufig nach kurzer Wegstrecke auflöste und das nun lenkunfähige Auto aus der Spur brachte. Der schöne Clubmeister hatte keine Chance gehabt. Am Tag seines größten Triumphes biss er buchstäblich ins turniermäßig kurz geschorene Green.

Nach allem, was ich gehört hatte, standen die Tatverdächtigen praktisch Schlange. Wo sollte man da ansetzen? Bisher war ich ja auch nicht offiziell von irgendjemand zur Aufklärung engagiert worden. Und wenn mich die heiß verehrten Bullen am Tatort sahen, drehte bei einigen von ihnen sowieso gleich der Motor auf Hochtouren.

„Schon wieder pfuscht uns diese Schnüffler-Tante ins Handwerk", wurde ich denn auch sofort vom Leiter der Nachtschicht, KHK Hau-Schläger grundgesetzwidrig diffamiert. „Wohl wieder mal Beweismaterial beiseite geschafft, was? Geliebte Frau Burger-King, machen Sie die Fliege, ehe ich einen Big Mac aus Ihnen bastle."

Die Anspielung auf meinen Namen war ich ja schon gewohnt. Na gut, sollten sie doch selber im Dreck der oberen Zehntausend wühlen. Ich hatte meine Spur. Jetzt musste ich nur noch klären, wer eventuell bei der Jubelfeier das Clubhaus nicht nur

zum Pinkeln verlassen hatte. Meine erste Anlauf-
adresse war auf jeden Fall das Ehepaar Kosakewicz.
Der Ehemann konnte als Inhaber einer Großschlach-
terei bestimmt mit einem Messer umgehen. Wer in
den Gedärmen von Schweinen herumwütet, für den
ist es auch ein Leichtes, zwei Autoreifen aufzuste-
chen. Und Rache und Eifersucht sind bekanntlich
handfeste Motive.

Wieder einmal traf meine düstere Vermutung zu.
Die Polizeibeamten fanden im Kofferraum der Ko-
sakewiczs ein Schlachtermesser „Solingen Edelstahl
rostfrei". Der Täter legte im Eilzugtempo ein Geständnis ab, KHK Hau-Schläger rang sich zerknirscht ein
zaghaftes „Na, ja!" ab und die Witwe Cöngülmoglu
überreichte mir für meine tatkräftige Mithilfe bei der
Aufklärung einen Gutschein für eine Schönheits-OP
in der Klinik ihres Verblichenen. Aber seien Sie mal
ehrlich: Habe ich denn so etwas nötig?

Haben Sie noch einen letzten Wunsch?

Eigentlich ist mein Zahnklempner ja ein ganz passabler Typ. Und persönlich hege ich auch keinen Groll gegen ihn. Gegen seine langhaarige und genauso -beinige Assistentin Jutta schon gar nicht. Selbst meinem holden Weibe fällt auf, mit welcher Begeisterung und Häufigkeit ich mich plötzlich zu Behandlungsterminen anmelde. Dabei bricht angesichts des Temperaments von Sibel beileibe (und das bitte ich wörtlich zu nehmen) keinerlei Behandlungsnotstand bei mir aus.

Meine – natürlich rein platonische – Verehrung für Jutta scheine ich auch mit dem Kassenpatienten Hugo Egon Nachtwandler zu teilen. Und was noch viel bedenklicher ist: Auch Juttas Chef Dr. Oswald Wurzel hat offensichtlich nicht nur sein Auge auf sie geworfen. Zumindest lassen dies seine rein zufälligen Streicheleinheiten an ihrem Po und sein strammer Hosenladen vermuten.

Als Hugo Egon Nachtwandler wieder einen dringenden Termin beim Zahnsteinentferner seines Vertrauens vereinbarte, schickte der Mundmediziner seine Jutta nach Hause mit der Begründung, heute käme eh kein Patient mehr.

Nichts Böses ahnend nahm Hugo auf dem Stuhl der Qualen Platz. Dr. Wurzel begrüßte ihn so zuvorkommend wie noch nie: „Na, dann wollen wir mal zur Tat schreiten. Heute muss ich Ihnen aber ausnahmsweise kräftige Schmerzen zufügen. Sie werden diesmal nämlich keine Betäubungsspritze bekommen. Ich kann es einfach nicht länger dulden, dass Sie Ihre Pfoten auf Juttas unschuldigem Körper spazieren führen und sie mit Ihren geilen Blicken geradezu auffressen. Ich werde Sie daher jetzt nachhaltig beseitigen. Und das Tollste dabei ist, dass ich diese *Operation* sogar mit der Krankenkasse abrechnen werde. ´*Entfernung eines überflüssigen Gewächses*`. Machen Sie es sich doch bequem, Herr Schlafwandler und genießen Sie Ihre letzten Minuten. Haben Sie noch einen letzten Wunsch?"

Bei Hugo Egon Nachtwandler ging sozusagen der A…. auf Grundeis. Verdammt, der Kerl meinte es wirklich ernst. Und das alles nur wegen diesem blonden Luder.

„Ja, ich hätte da noch ein paar letzte Wünsche, Herr Doktor", flüsterte er mit kraftloser Stimme. „Bevor ich abkratze, hätte ich noch gerne ein Bio-Schnitzel mit Bio-Kartoffelsalat und dazu ein Bio-Weizenbier. Ich möchte schließlich *gesund* sterben. Und falls Sie mich mit diesem Skalpell abschlachten wollen, das Sie in der Hand halten, bestehe ich darauf, dass es eine rostfreie Edelstahlklinge aus Solingen besitzt."

Dr. Wurzel war sowohl rat- als auch sprachlos. Dieser Kerl wagte es im Angesicht des Todes doch tatsächlich, unerfüllbare Ansprüche zu stellen. Aber nicht mit ihm, nicht mit Dr. Oswald Wurzel! Doch er war ein Mann von Ehre. Und wenn er diesem mickrigen Allerwelts-Kassenpatienten schon nicht seine letzten Wünsche erfüllen konnte, würde er eben selbst die unausbleiblichen Konsequenzen ziehen

müssen. Denn bei „seiner" Jutta durfte nur er boh-
ren und sonst keiner!

Er steckte sich den Schlauch mit dem Betäu-
bungs-Lachgas in den Schlund und atmete tief ein.
Danach kniete er sich nieder und - wie er es einmal
in einem japanischen Kriegsfilm gesehen hatte - stieß
sich das sterilisierte Skalpell absolut bakterienfrei in
den Bauch. In daumendickem Strahl quoll das Blut
aus seinem Zwölffingerdarm. Doch was das Schreck-
lichste dabei war: Er schrie immer wieder „Ich lach
mich kaputt!"

Hugo Egon Nachtwandler erbrach sich in den
Spuckausguss und wählte mit zittrigen Fingern meine Privatnummer. „Stefan, du musst sofort kommen, unser gemeinsamer Nervtöter hat vor meinen
Augen Harakiri begangen."

Eifersüchtig wie sie war begleitete mich meine
angeheiratete Kriminalhauptmeisterin Sibel Baumann zum Ort des Geschehens, wo uns Sepp Holdermüller samt seiner Totschlagsaufklärungs-Crew
bereits erwartete.

„Melde gehorsamst, Herr Kriminaldirektor", stand
Witzbold Klaus Wegner stramm. „Dem Herrn Zahn-
reißer Dr. Wurzel tut ab sofort kein einziger Zahn
mehr weh und seine blonde Jutta kommt jetzt in die
Lostrommel! Falls der Herr Kriminaldirektor als erster ziehen möchte?" Mehr brachte er nicht heraus,
denn meine mir in ewiger Treue ergebene Sibel hatte
ihn in den Schwitzkasten genommen.

Leich hinterm Deich

Eigentlich fing ja alles ganz harmlos an. Bei der zweitägigen Jahrestagung selbständiger Privatermittler (Detekteien), die diesmal in Hamburg stattfand, traf man sich abends in zwangloser Runde in der Bar des 4-Sterne-Hotels.

Ich hatte den letzten freien Barhocker neben einem Kollegen erobert, der schon den ganzen Tag versuchte, dasselbe mit mir zu tun. Nun gut, er sah ja ganz passabel aus, aber ich muss ja nicht gleich mit jedem selbsternannten Gigolo die Boxspringmatratzen der Hotelbetten testen. Und schließlich bin ich ja auch nicht irgendeine Stern-Reporterin, die sich von Rainer Brüderles Nachfolgern anbaggern lässt.

„Hallo, schöne Kollegin, unter welchem bezaubernden Namen darf ich dich zu einer *Original Margerita* einladen? Meine Freunde nennen mich übrigens Klaus. Und die Freundinnen Klausi, den Ermittler, dem nichts, aber auch gar nichts verborgen bleibt. Und so blieb mir auch nicht verborgen, dass deine wunderschönen Stelzen in einem roten String-Tanga enden und dein Busen halterlos unter dem Blüschen bebt. Darf ich dich um diesen dazu passenden Tango bitten?"

Dummerweise hatte tatsächlich in diesem Moment ein Musiker-Trio begonnen, die Gäste auf die intim bestrahlte Tanzfläche zu locken. „Okay, Klausi, dann lass uns mal testen, wie oft du der tanzbegeisterten Hella auf die bezaubernden Füßchen trittst."

Doch der Typ sah nicht nur gut aus, sondern war auch ein routinierter Tänzer. Vermutlich besaß er auch einen Jagdschein und wilderte regelmäßig in fremden Revieren. Er wagte es, ohne Vorwarnung an meinen Lippen zu nippen, wurde dann zunehmend frecher, indem sich seine Zunge erdreistete, weiter einzutauchen, als wolle er ertasten, ob meine Mandeln noch vorhanden waren. Ich wehrte mich nicht dagegen und presste meinen Unterleib gegen den seinen, was seine Hose vernehmlich anschwellen ließ.

„Wie wär`s, wenn wir diese herrliche Sommernacht irgendwo zwischen den Dünen genießen? Du kennst dich doch bestimmt hier aus, wie ich in meiner Hosentasche?" machte er mich verführerisch an. „Draußen wartet mein Jaguar nur darauf, von der Leine gelassen zu werden."

Ja, gibt's denn noch so was? Ich hatte eigentlich gedacht, dass derlei Artgenossen längst ausgestorben wären. Aber in Deutschlands Süden, dem er eindeutig sprachlich zuzuordnen war, fließt das Blut noch heißer, als hier im Norden. Na schön, ich fühlte mich bereit, das Spielchen mitzumachen. Die klare Sommernacht schrie förmlich danach, ausgelebt zu werden und schließlich hatte die brave Hella schon seit siebenunddreißig Tagen und zwei Stunden keinen Mann mehr zwischen den Schenkeln. Ich dirigierte Klausi daher zielbewusst zu einer Bucht hinterm Deich, die um diese Uhrzeit garantiert touri-frei war. Während der Fahrt dorthin hatte er nur eine Hand am Steuer, die andere erforschte bereits bei mir diverse Körperregionen.

Am Strand angekommen, griff er sich eine Schampusflasche aus dem Kofferraum und konnte es kaum erwarten, mich hinter eine Sanddüne zu lotsen. Meine High Heels trugen sich hier besser in der Hand. Plötzlich kickte Kläuschens linker Fuß in Lukas Podolski-Manier gegen irgendeinen festen Gegenstand. Ein Felsstein? Aber trägt ein solcher etwa Locken und Sonnenbrille? Da soll mich doch gleich der Teufel reiten! Lag hier am kühlen Elbestrand etwa ein vergessenes Hitzeopfer? Sollte hier jemand nächtigen oder sich etwa gar zur letzten Ruhe niedergelegt haben? Zweifellos war Letzteres der Fall, wie sich ganz schnell bewahrheitete.

Verflixt, die Aussicht auf Champagnergenuss weitere erotische Vergnügungen verlief sich buchstäblich im Sande.

Mein aufgeweckter Begleiter plädierte dafür, sich klammheimlich genau aus diesem Sand zu machen, doch hatten wir ja bereits auch unsere Spuren dort hinterlassen. So obsiegte letztlich die berufliche Neugier. Zumindest bei mir.

Damit Klausis leidenschaftlich entbrannte Gefühle für mich nicht auch noch erstarben, sah ich mir das Opfer aus der Nähe an. Es ist nun mal ein kleiner Unterschied, ob ein heißblütiges Sexobjekt noch heißblütig stöhnt oder bereits den letzten Seufzer ausgeröchelt hat.

Vor mir lag unverkennbar eine weibliche Leiche. Jung, schlank, blond und miniberockt in gekrümmter Haltung. Ihre linke Hand hatte sie verkrampft um ihren weißen Buko (Polizeijargon für Beischlafutensilienkoffer) geklammert. Dass es sich hier um eine Bordsteinschwalbe handelte, gab der Tascheninhalt zweifelsfrei preis: Kondome unterschiedlicher Größe und Farbe, Gleit-Gel und 150 Euro in bar. Ein Ausweis lautend auf Agnieska Krawallczyk. Offenbar eine zugereiste *Fachkraft* polnischen Geblüts.

Im klaren Mondlicht fand ich eindeutige Schleifspuren, was darauf schließen ließ, dass Auffindeort und Tatort nicht identisch waren. Zudem fühlten sich auch die spärlichen Dessous, die sie unter ihrer schwarzen Lederjacke und dem roten Mini trug, total versandet an. Ein paar Meter entfernt davon fand ich auch ihre hochhackigen roten Lackschuhe.

Ich zerrte meine kleine Halogenlampe aus dem Handtäschchen, um weitere Details genauer zu beleuchten. Und siehe da: Blutspuren am Hinterkopf. Sollte sie sich selbigen an dem nahegelegenen Steinbrocken rein zufällig aufgeschlagen haben? Doch an einen solchen *Unfall* wollte ich nicht glauben. Eine Hure, die nachts in voller Kampfmontur alleine in den Dünen spazieren geht? Längst hatte ich ein Paar Latexhandschuhe aus der Tasche gefistelt und besah mir die vermutliche *Tatwaffe*. Tatsächlich wies auch der Gesteinsbrocken Blutspuren auf. Und daneben Abdrücke eines klassischen Schuh-Profils, das mir bekannt vorkam. Ich machte mein Handy scharf und schoss ein paar Fotos. Nun war es aber höchste Zeit, den Kriminaldauerdienst der Davidswache zu aktivieren.

Wenn Hella Häm-Börger einmal Blut geleckt hat - ich bitte das in diesem Fall nicht wörtlich zu nehmen -, vergesse ich nicht nur Zeit und Raum, sondern sogar einen ehemals überaus feurigen Liebhaber, der sich nun aber Hals über Kopf verdrückt hatte und völlig ernüchtert in seinem Protz-PKW lieber dem Tiefschlaf statt des erhofften Beischlafs hingab.

Erstaunlich schnell waren Kommissar Fuchs und sein Assistent Findig zur Stelle. Der parkende Jaguar samt Inhalt war ihnen natürlich nicht entgangen. Somit musste ich auch nicht den Grund meines ungewöhnlichen Aufkreuzens an diesem einsamen Ort erklären.

„Mal wieder unsere hochverehrte Privatschnüfflerin! Können Sie Ihre Nächte nicht im Bett verbringen wie jede andere anständige bundesdeutsche Frau Ihres Alters?" versuchte er mich zu provozieren.

„Aber lieber Fuchsi", frotzelte ich zurück. „Im Bett sterben statistisch nachgewiesen weitaus mehr Leute als am Elbufer."

Nachdem der Tatort gesichert war, zeigte ich den Beamten eine Vergrößerung meiner Handyaufnahme vom Schuhabdruck, auf dem deutlich im Hackenteil der Schriftzug „Loyd" zu lesen war. Sofort klingelten bei Findig die Alarmglocken. „Chef, ein solch hochwertiges Schuhwerkzeug ist meines Wissens vor kurzem bereits bei einem anderen Tötungsdelikt aufgefallen! Ich lass die Kollegen mal in unserer Datei blättern."

Doch so lange wollte ich nun wirklich nicht mehr warten. Schließlich endete der Abend für mich sowieso nicht gerade *befriedigend.* Und so verabschiedete ich mich von den beiden Beamten; hier konnte ich eh nichts mehr zur Aufklärung beitragen. Natürlich konnte es sich KHK Fuchs nicht verkneifen, mir noch eine erfolgreiche Nacht zu wünschen. Ich revanchierte mich, indem ich Deutschlands Rekord-

Fußball-Nationalspieler und dauerrückfälligen Lolita-Besteiger Loddar Matthäus zitierte: „Jetzt nur nicht den Sand in den Kopf stecken, Leute!"

Ich fand meinen Pseudo-Lover langgestreckt und schnarchend auf dem Beifahrersitz vor. So viel zu *Klausi, dem Ermittler.* Meine Heels landeten auf der Rückbank und ich nahm barfuß am Lenkrad Platz, um den Jaguar ins Hotel zu reiten. Wenigstens dieses bescheidene Vergnügen war mir geblieben!

Würgst du mich –
würg ich dich!

Er konnte ja nun wirklich nichts dafür, dass sein Erzeuger ein Fußballnarr war und deshalb meinte, er müsse in seinem Sohn die deutschen balltretenden und -köpfenden Legenden namentlich verewigen. Uwe Gerd Franz Kicker hatte jedoch zwei linke Füße und war deshalb auf keinem grünen Rasen zu gebrauchen. Dafür schaffte er es immerhin im Laufe der Jahre zum 1. Buchhalter beim europäischen Marktführer für Klospülungen „Munter immer runter!"

Uwe Gerd Franzens Leben spielte sich in den eigenen vier Wänden ab, wo seine Ehefrau Gertrud machtvoll schaltete und waltete. Da es ihm schwer fiel, sich diese Schöpfung angeblich weiblichen Geschlechts im sexy Bikini vorzustellen, verzichteten sie auf Strandurlaub und zogen sich stattdessen lieber in die Bergeinsamkeit zurück. Im Laufe der Jahre hatte Gertruds Bodymaß-Index so sehr zugelegt, dass sie sich ihre zeltförmigen Kleider beim Markisenhersteller Losberger anfertigen lassen musste. Im gleichen Verhältnis erlahmten ihre geistigen Fähigkeiten. Kein Wunder bei ihrem Verschleiß an Boulevardblättchen und Superstar-Fernsehserien.

Obwohl der „Munter immer runter!"-Buchhalter ein reinrassiger Spießer und sparsamer Schwabe war, trieb es ihn regelrecht, sich an diesem Abend endlich etwas Spezielles gönnen. Uwe Gerd Franz hatte im Lotto einen Vierer mit Superzahl erzielt und diesen unerwarteten Geldsegen von 427,18 Euro wollte er bei – oder besser gesagt – in Gabriela anlegen.

Männliche Kollegen oder Vertreter, die zu einer Schulung in Sachen Klospülungen anreisten, schwärmten unisono in den höchsten Tönen von dieser rassigen, affengeilen und käuflichen Dame.

Und heute sollte es passieren. Seiner Gertrud faselte er etwas von einer internen Betriebsfeier vor und nachdem er sich ausgiebigst geduscht und messerscharf rasiert hatte, versprühte er eine halbe Flasche *Dawidoff nightlife* auf sämtliche Körperpartien. Obwohl erst Freitag war, genehmigte er sich einen Tag früher als üblich frische Unterwäsche und band sich eine der beiden Aldi-Schnäppchen-Streifenkrawatten (3,99 Euro) um.

„Tschüs, es kann spät werden. Warte nicht auf mich!" verabschiedete er sich und rannte fast zum familieneigenen VW-Tiguan. An der nächsten Telefonzelle hielt er an und wählte mit zittrigen Fingern besagter Gabrielas Nummer unter dem Werbetext *In privater Atmosphäre - für alles offen!*

„Na, Süßer, was kann ich für dich Schönes tun?" schmeichelte ihm eine heisere Stimme entgegen. „Komm mich besuchen und du wirst das Paradies auf Erden erleben. Für vierhundert Euro darfst du zwei Stunden lang alles mit mir anstellen, an was du noch nicht einmal zu denken wagst und was dir Mutti bisher immer verboten hatte. Einfach in der Löwengasse 1a Hinterhof bei Gabriela dreimal klingeln."

Gerd Uwe Franz läutete unter der angegebenen Adresse bei Agnieska Biczykowsky alias Gabriela und stand gleich darauf einem Rasseweib im halb geöffneten Negligé gegenüber, das tiefe Einblicke auf eine geschätzte Oberweite von 95 C eröffnete. „Bist du der Schatz mit den vierhundert Euros?", gurrte die polnische Sex-Facharbeiterin. Dann komm rein in die gute Schlafstube."

Der gute Geschmack und unser tief verwurzeltes Verständnis von Moral und Ethik verbieten es, genau zu schildern, was in den folgenden zwei Stunden geschah. Nur so viel: Gerd Uwe Franz sah nach einigen erfolgreichen Bemühungen und noch mehr Gläsern Wodka Gorbatschow plötzlich im Gesicht dieser Hure das Bild seiner häuslichen Gertrud vor sich - samt aller Demütigungen der vergangenen Jahrzehnte. Und er begann völlig ohne Skrupel, Gabriela zu würgen. Immer wieder. Bis sich ein gnädiger Schleier über sein Rest-Bewusstsein breitete.

Gertrud Kicker wunderte sich am nächsten Samstagmorgen, dass ihr Buchhalter-Gemahl nicht linksaußen neben ihr in den ehelichen Linnen schnarchte. In der Firma konnte sie nicht anrufen, da dort am Wochenende noch nicht einmal die Telefonzentrale besetzt war. Auf dem Polizeirevier versprach man ihr, die Augen offenzuhalten und auch vorsichtshalber die Kripo zu informieren.

Im gleichen Moment klingelte der Hausapparat bei Kriminalhauptkommissar Josef Holdermüller, zuständig für Leichen aller Art. „Chef", meldete sich Kollege Müller 2, „eine Streife hat soeben in einem Straßengraben im Heilbronner Stadtteil Neckargartach einen männlichen Toten aufgefunden. Nackt, nur mit einem fest verknoteten Strumpfband um den Hals. Vielleicht liegt ja zufällig eine Vermisstenmeldung vor?"

„Richtig getippt *Schimanski*. Ein gewisser Uwe Gerd Franz Kicker wird von seiner werten Gattin schmerzlichst vermisst. Zirka fünfzig Jahre alt und genauso viele Haare auf dem Kopf. Da der Straßengraben wohl kaum der Tummelplatz des Nackigen war, könnt ihr ihn schon mal zum Leichenschnippler in den Kühlschrank der Pathologie schaffen lassen. Und du bringst die Kicker-Frau dorthin zwecks Identifizierung."

„Sepp" Holdermüller überdröhnte mit seinem gewaltigen Stimmorgan mühelos drei Büros: „Sibel, komm doch mal her, aber presto, presto!" Kriminalhauptmeisterin Sibel Baumann, Rasseweib mit türkischen Wurzeln und seit kurzem verehelicht mit dem Kriminaldirektor Stefan Baumann vom LKA, stürmte in die heiligen Hallen des Dezernatsleiters.

„Sibel, ich hab was für dich! In Neckargartach wurde ein nackiger Toter gefunden – mit einem eindeutig weiblichen Strumpfband um den Hals. Ihr Mädels kennt euch in solchen Sachen besser aus als ich. Fahr doch auch gleich mal zur Pathologie und bewundere das corpus delicti aus der Nähe. Nimm dir einen Kollegen von der Sitte mit, vielleicht kommt dem das Teil sogar bekannt vor. Ich vermute jedenfalls, dass sich der Tote in seinem Nichtbekleidungszustand bei irgendeiner Nutte ausschleimte und es dabei aus irgendeinem Grund zu Meinungsverschiedenheiten kam."

Kriminalhauptmeister Klaus Wegner, Charmeur und Witzbold des Dezernats in einer Person, hatte die letzten Sätze noch mitbekommen. „Chef, soll ich schnell alle Lolitas besuchen und überprüfen, wo ein passendes Strumpfband fehlt? Übrigens, draußen wartet eine Jobberin dieser Handwerkszunft und möchte eine Aussage machen. Mir fiel bei der Vertreterin des horizontalen Gewerbes gleich auf, dass ihr linker Strumpf ziemlich schlaff herunterhängt. Ungewöhnlich, denn Fräulein Agnieska Bizykowsky, die sich unter dem Künstlernamen Gabriela flachlegt, achtet sonst sehr auf ihr Outfit – kann man auch erwarten bei ihrer Gagengestaltung!"

„Okay Klaus, klaue in der Pathologie dem Nakkigen das vermeintliche Tatwerkzeug vom Hals und dann schauen wir bei dieser Gabriela gewissenhaft unters Röckchen. Wenn die Strumpfbänder übereinstimmen, ist sie fällig."

„Bingo, Chef!" sprudelte Sibel Baumanns Stimme nach einer halben Stunde vor Begeisterung. Als weibliche Beamtin hatte sie sehr zum Leidwesen ihrer männlichen Kollegen die Überprüfung vorgenommen. Gabriela hatte sich tatsächlich den linken Strumpf provisorisch mit einer DHL-Paketschnur am Strumpfgürtel befestigt.

Die schöne Gunstgewerblerin sang wie ein Rotkehlchen auf Brautflug. Ihr Kunde habe plötzlich durchgedreht und sie versucht zu würgen. Sie sprühte ihm daraufhin sinnigerweise Reiz-Gas in die Augen und weil sie sich nicht anders zu helfen wusste, knotete sie ihm als unentgeltliche Zugabe noch das Strumpfband um die Kehle. Sie wollte ihn ja nur kurzfristig *aus dem Verkehr ziehen.* Dass dieses Weichei gleich abnippeln würde, konnte sie   schließlich nicht ahnen. Aber sie musste sich doch irgendwie wehren.

Danach habe sie ihren Freund, den smarten Jack, angefunkt und der habe den Kadaver dann zu seinem Lamborghini Super 6 quattro geschleppt. Wo er den Verknoteten abgelegt hat, sei ihr nicht bekannt.

„Lieber Kollege Wegner", säuselte Sepp Holdermüller. „Jetzt bekommst du bestimmt noch einen Orden vom Polizeipräsidenten wegen der schnellsten Fall-Lösung aller Zeiten. Ich schlage dich jedenfalls schon mal für das *Tapferkeitskreuz Erster Klasse am Silbernen Strumpfband* vor. Man stelle sich einmal vor: Aufklärung ganz ohne Sonderkommission, SEK, Hubschrauber, Medien, Hundestaffel, langwierige Zeugenvernehmungen und ausgelobte Belohnung für sachdienliche Hinweise. Und so ganz nebenbei haben wir die Aufklärungsrate bei den Gewaltdelikten überaus positiv beeinflusst. Chapeau!"

Sau(na)blöd

Es kommt im Schnitt vielleicht 2,7 Mal im Jahr vor, dass mich leichte Langeweile anfällt, denn als bestens ausgelastete Privatdetektivin liegt man normalerweise zu jeder Tages- und Nachtzeit für irgendeinen Kunden auf der berühmten Lauer.

Heute aber legte ich mal die zartgebräunten Beinchen hoch und blätterte in der *Bergedorfer Zeitung.* Denn die berüchtigten Klatsch- und Tratsch-Blättchen wollte ich mir wirklich nicht verinnerlichen. Es interessiert mich einen feuchten Kehricht, ob Heidi Klum bei ihrer Mama nonstop sieben Kartoffelklöße verspeiste oder einige unserer Jogi-Jungs plötzlich entweibt sind. Von mir aus könnte sich auch der royale Charles die Ohren verkleinern lassen und Starschauspieler Til Schweiger arbeitslos werden, wenn er nach einer Polypen-OP plötzlich das Nuscheln verlernt hat. Auch kann die Deutsche Post weiterhin fröhlich 90 Cent-Briefmarken verkaufen, obwohl das Porto für einen Kompaktbrief ab 2015 auf 85 Cent ermäßigt wurde. Mein Lösungsvorschlag: Eine Ecke der Briefmarke abtrennen, um auf den minimierten Wert zu kommen oder aber doch wieder die Postkutsche samt Postillon zu reanimieren und anstelle von zwei Pferdchen doch nur eines einzuspannen. Spaßig auch neue Regeln in der Landesbauordnung, die beispielsweise überdachte Fahrradständer vorsieht, an Bushaltestellen aber akzeptiert, dass die Wartenden buchstäblich im Regen stehen. Ja, manchmal gehe ich tatsächlich mit dem Gedanken schwanger, auswandern. Aber wohin? Ohne Kopftuch nach

Ostanatolien oder ohne Kalaschnikow in den Gaza-Streifen?

Diese schwerwiegenden Gedankengänge wurden jäh unterbrochen von exakt fünf pochenden Schlägen gegen meine Wohnungstüre. „Frau Häm-Börger, bitte helfen Sie mir!" brüllte eine sowohl verzweifelte als auch eindeutig männliche Stimme.

Dieses Organ kam mir irgendwie bekannt vor. Gehörte das nicht zu dem blassgesichtigen und pockennarbigen Korinthenkacker aus dem Nachbarhaus?

Ich schwang meine bequem ausgestreckten, frischrasierten Stelzen vom Hocker, die Zehenteiler noch an den Füßen, der karminrote Nagellack noch nicht gehärtet, mit Gurkenscheiben auf den Wangen und tapste Richtung Wohnungsöffnung. Nebenbei versicherte mir der kurze TÜV im Ganzkörper-Garderobenspiegel, dass mein Frottéjäckchen immerhin knapp den Po bedeckte. Dann spionierte ich vorsichtshalber durch das dafür vorgesehene Guckloch, bevor ich die Tür so weit öffnete, wie es die Sicherheitskette erlaubte.

An was würden Sie denken, wenn Ihnen dort ein völlig Aufgelöster in Bademantel und Pantoffeln in die ungeöffneten Arme fällt? Bestimmt nicht an ein Blind Date, oder? Ich ließ ihn dennoch eintreten, entschuldigte mich für meine Schönheitsmaskerade, drückte den Atemlosen in den Medien-Schlafsessel und flitzte in die Ecke, um im ICE-Tempo in irgendeinen der herumliegenden Slips zu schlüpfen. Mein Anblick musste dem Hilfsbedürftigen kurz die Sprache verschlagen haben, doch nachdem ich ihm eine viertel Flasche Chantré in die Kusen geflößt hatte, sprudelte es aus ihm heraus wie aus der Sauerländer Mineralquelle.

„Meine Freundin und ich sowie noch ein weiteres Pärchen wollten saunieren. Da wir aber keine eigene Sauna besitzen, überlegten wir uns eine preiswerte Alternative: Ich zündete im Bad unseren Holzkohlegrill an und legte so viel Kohle auf, dass wir ganz schnell herrlich ins Schwitzen kamen. Genial, was? Da wir leider kein Fenster im Bad haben, konnten wir den immer dichter werdenden Qualm nicht entlüften. Wir bekamen allesamt heftige Hustenanfälle und ich musste dringend zur Toilette, um mich zu übergeben. Als ich zurückkam, lagen die drei auf dem Fußboden. Bewusstlos. Meine Angie hatte schon keinen Puls mehr. Ich öffnete die Badezimmertüre und sämtliche Fenster in der Wohnung und versuchte die Holzkohlenglut mit Wasser zu löschen. Dadurch wurde der Qualm aber nur noch schlimmer. Dann rannte ich zu Ihnen in der Hoffnung, dass Sie mir vielleicht einen Rat geben können."

„Haben Sie wenigstens die Feuerwehr und den Notarzt gerufen, Herr Grilling?" fragte ich erschüttert ob solch Potential an geistiger Unterbelichtung.

„Nein, natürlich nicht. Ich wollte doch zuerst Ihre Meinung hören. Nachher behauptet die Polizei womöglich noch, ich hätte mein Mädchen ermordet."

Es dauerte nur wenige Minuten, bis die von mir alarmierten Rettungsdienste eintrafen. Das befreundete Paar wurde mit starker Rauchvergiftung in die Klinik transportiert. Bei Angie, der Freundin des verhinderten Saunameisters aber kam jede Hilfe zu spät. Für Freddy Grilling würde es wohl ein Verfahren wegen fahrlässiger Tötung und Körperverletzung geben. Ein Paragraph gegen überdimensionale Blödheit ist leider im Strafgesetzbuch bis heute nicht vorgesehen.

Picasso der Jüngere

Wendelin Maria Wendehals war zwar in Mathe eine glatte Null, aber im Fach Kunsterziehung dafür vergleichweise ein Ronaldo. Sein Lehrer tolerierte es, dass er – während seine Mitschüler klobige Häuser und welkende Blumen malten – grüne Pferde mit fünf Beinen oder zwei Köpfen zu Papier brachte. Bald gehörte ihm auch die Bewunderung seiner Kameraden, als diese erfuhren, dass sich bei Wendelin die hübschesten Mädels als Aktmodelle zur Verfügung stellten.

„Wendelin, du hast das Zeug, um Kunst zu studieren. Es wäre echt schade, wenn dein Talent vor die Hunde ginge", war die ehrliche Meinung seines Fachlehrers.

Doch Wendelins Vater hatte Größeres mit ihm vor. Und so stand er nach mehrmals verschobenem Schulabschluss bei Audi am Band und drehte immer wieder die fünf gleichen Schrauben an immer denselben Automodellen fest. Bei siebenhundertachtundzwanzig Autos am Tag. Das ergibt 3.640 Schrauben pro Woche und 14.560 im Monat. Doch am Feierabend verdrängte er diese Audi A 6-Schrauben und griff stattdessen zu Pinsel, Tusche und Farben. In der Bücherei lieh er sich alle vorrätigen Kunstbildbände aus und vertiefte sich in die meisterlichen Werke der Impressionisten und Expressionisten.

In seinem Urlaub besuchte er erstmalig seinen Onkel Baldur O. Wendehals, der in Berlin-Schöneberg eine Kunsthandlung betrieb. Dieser war erstaunt, über welche Fachkenntnisse sein Neffe in diesem jugendlichen Alter verfügte und als er ihm den Tipp gab, doch aus Spaß mal einen Van Gogh abzumalen („Alle später berühmten Künstler haben von anderen abgekupfert, um zu lernen."), hatte er bei Wendelin eine künstlerische Explosion ausgelöst. Dieser verschanzte sich fortan stundenlang hinter seiner Staffelei und schuf Kopien, die selbst erfahrene Kunden seines Onkels in Erstaunen versetzten. Doch dieser war nicht nur kunstverständig, sondern in erster Linie auch recht geschäftstüchtig und so konnte es nicht ausbleiben, dass er Wendelin eines Tages folgendes Angebot unterbreitete: „Du lässt ab sofort deine blödsinnige Schraubendreherei sein und steigst bei mir ein. Kost und Logis frei und von jedem verkauften Bild bekommst du anteilig zehn Prozent."

Wendelin Maria Wendehals konnte sein Glück kaum fassen. Er zog nach Berlin und Onkel Baldur stellte ihm einen kleinen Nebenraum hinter dem Verkaufsraum als Atelier sowie sämtliche Malutensilien zur Verfügung. Bald sprach es sich herum, dass man bei Baldur O. Wendehals längst verschollen geglaubte oder total unbekannte Werke großer Meister preisgünstig erwerben könne. Da Wendelin Maria auch ein Händchen dafür hatte, die Ölgemälde oder Tuschzeichnungen auf alt zu trimmen, fielen sogar anerkannte Kunstexperten auf seine Tricks herein. Natürlich übte er sich auch fleißig darin, die Originalsignaturen der Maler zu kopieren. Und so rieb sich Onkel Baldur die gierigen Hände und bei Wendelin sammelten sich Bild um Bild hübsche Sümmchen auf dem Bankkonto an.

Erfolg durch Betrug spornt an und so stieg Wendelin quasi aus der Künstler-Regionalliga in die Champions League auf, indem er sich jetzt auf berühmte Namen wie Nolde, Cezanne, Toulouse-Lautrec und Picasso spezialisierte. Unbedeutende Ladenhüter, die Baldur O. Wendehals angeblich aus Haushalts-auflösungen vom Dachboden seniler Senatsrats-Witwen für ein Butterbrot erwarb, wechselten original-signiert zu Hoeneß-Honoraren die Besitzer.

An diesem Freitag um 10.32 Uhr klingelte bei mir das Telefon. „Hallo, Herr Baumann", erkannte ich meinen hohen Chef - und Präsidenten des Landeskriminalamts Stuttgart - am anderen Ende der Leitung. „Möchten Sie ein verlängertes Wochenende in Berlin verbringen? Sie können natürlich auch Ihre Gattin mitnehmen. Erstens ist sie ja Kollegin und zweitens fällt es weniger auf, wenn Sie als Paar auftreten. Des Weiteren ist mir zu Ohren gekommen, dass Sie auf dem Gebiet der Kunst nicht ganz unerfahren sind. Es geht um folgendes: Ministerialrat Dr. Müller-Hühnerbein vom Finanzministerium möchte zwecks Karriereförderung seinem Vorgesetzten zum 60. Geburtstag ein auffälliges Geschenk überreichen. Und da hat er über allerlei Kanäle von einer Berliner Kunsthandlung gehört, die zu relativ erschwinglichen Preisen Werke bekannter Meister verhökert. Irgendwie beschleicht mich dabei ein ungutes Gefühl. Herr Baumann, ich möchte, dass Sie beide der Sache auf den Grund gehen. Es wäre schließlich fatal, wenn ein künftiger Ministerialdirektor seinem Gönner und Förderer eine Fälschung unterjubelt. Füllen Sie doch gleich Ihren Dienstreiseantrag aus und bringen sie ihn bei mir persönlich vorbei. Die Sache bleibt aber unter uns, verstanden?"

Und so flog ich denn mit einer total begeisterten Kriminalhauptmeisterin namens Sibel Baumann geborene Ökücü gen Berlin. Wir mieteten uns standesgemäß im Dorint-Hotel ein und wollten nach ausgiebigem Genuss des Nachtlebens gleich am anderen Morgen die berühmte „Berliner Luft" schnuppern.

Die Kunsthandlung Wendehals war leicht zu finden und so stellten wir uns dem Chef als Kaufinteressenten für einen bezahlbaren echten Picasso vor.

„Hier könnte ich Ihnen einen ganz besonderen Knüller empfehlen", flüsterte der geschäftstüchtige und gewinnstrebende Baldur O. Wendehals hinter vorgehaltener Hand. „Ein Spätwerk des Künstlers mit dem Titel ´Miranda mit weißer Nelke auf rotem Sofa`. Handsigniertes Originalgemälde aus dem Jahre 1927. Ich würde Ihnen als Kunstliebhaber natürlich auch einen besonders guten Preis nennen, den Sie aber unbedingt für sich behalten müssten. Für 42.300 Euro würde ich Ihnen das Gemälde überlassen. Ein einmaliges Angebot, das Sie hoffentlich zu würdigen wissen."

Ich schaute mir Picassos fortgeschrittenes Werk sehr genau an. Auf Anhieb konnte ich weder Auffälliges an der Nackedei noch an der Nelke entdecken. Sie kennen ja selbst den Malstil des Meisters, wie ihm irgendwann die korrekten Proportionen total entglitten. Dreieckiges Gesicht, linkes Ohr am rechten Busen, rechtes Bein in direktem Kontakt mit dem linken Auge.

Auf den tatsächlichen Fauxpas brachte mich jedoch ausgerechnet mein holdes Weib. „Schau doch mal, Steff", sagte Sibel. „Echt lustig. Die Lady besitzt ja drei Brüste". Nun kann man Picasso in Bezug auf die menschliche Anatomie ja alles Mögliche unterstellen. Dass er - wie gesagt - Körperteile dort aneinander reihte, wo sie nun weiß Gott nichts zu suchen hatten. Aber verzählt hat er sich meines Wissens nie.

„Drei Brüste - unmöglich bei Picasso", belehrte ich deshalb auch meine Frau und Kollegin.

„Abers schau doch, Steff. Eine Brust unter der linken Achselhöhle, eine an der Hüfte und zum dritten hier noch eine an der rechten Kniescheibe. Echt cool!"

„Mensch Sibel, du bist ja ein Kunst-Ass!" lobte ich sie und bat den Einzelhändler aller Kunst-Schnäppchen herbei.

„Meister, schauen Sie selbst", sagte ich zu Wendehals dem Älteren. „Ihre Miranda hat auf diesem Gemälde drei Brüste. Ich möchte aber auf jeden Fall nur zwei davon bezahlen. Auch wenn nach Ihrer Behauptung dies ein handsigniertes Original sein soll – dieser Picasso ist eine Fälschung! Wer hat Ihnen denn diesen Schund aufgeschwätzt? Ach, übrigens, dürfen wir uns vorstellen: Kriminaldirektor Baumann vom LKA Stuttgart und Kriminalhauptmeisterin Baumann von der Kriminalpolizeidirektion Heilbronn."

„Wendelin, komm sofort mal her", befahl Baldur O. Wendehals seinen Neffen herbei. „Dein Vater hatte Recht. In Mathe bist du `ne Null. Du kannst ja noch nicht mal auf zwei zählen."

„Aber Talent haben Sie, junger Mann. Alle Achtung. Und wenn Ihnen dann im Knast noch jemand ein wenig Nachhilfe im Rechnen gibt, kann aus Ihnen später zumindest noch ein ganz brauchbarer Banker werden", ergänzte ich.

Ministerialrat Dr. Müller-Hühnerbein beließ es vorsichtshalber dann doch lieber bei einer Kiste Champagner Taittinger Blanc de Blanc. Vielleicht hätte es aber mit Hilfe der dreibrüstigen ´Miranda mit weißer Nelke auf rotem Sofa` doch eher mit der Beförderung geklappt. Denn auch ein Ministerialdirektor im Finanzministerium muss nicht zwangsläufig ein Rechengenie sein, wenn es um hervorstechende weibliche Geschlechtsmerkmale geht. So rangiert der Ministerialrat mit dem klangvollen Doppelnamen weiterhin auf irgendwelchem Abstellgleis und wartet sehnsüchtig auf das Ableben seines Vorgesetzten.

Immer wieder samstags

Bevorzugt am Wochenende werden die lieblichen Haustiere aller Art von ihren Herrchen beziehungsweise Frauchen an die Leine genommen und bei Sonnenschein genauso wie bei Sauwetter nach draußen gezerrt. Es ist interessant zu beobachten, wie sich gerade die Hundebesitzerinnen für diesen Zweck dreimal täglich in ihre neuesten Klamotten aller verfügbaren Konfektionsgrößen pressen. Gestylt, lackiert und gesträhnt führen sie ihre Fifis zum Verkacken und Verpissen fremder Vorgärten und öffentlicher Parks und nur äußerst ungern erinnern sie sich dabei des eigens mitgeführten Gassibeutels. Auffällig ist, dass diese Köter meist fremdartiger Rasse oft potthässlich sind. Dennoch würden sie bei einem Schönheitswettbewerb bestimmt des Öfteren höher auf dem Treppchen stehen als die Person am anderen Ende der Leine.

Ganz anders Antje-Katharina Möchtling-Scheibenhauer. Ihr perfekt geschminktes Puppengesicht passte sich dem nur spärlich verborgenen makellosen Body auf perfekte Weise an. Ihr halterloser – aber deswegen keineswegs haltloser – Busen sprengte beinahe den grellroten Pulli und der weiße Leder-Mini ergänzte nahtlos die ebenso nahtlosen Strümpfe. Piercings an den Nasenflügeln, in der Zunge, an der Oberlippe, an den Brustwarzen. Auf diverse andere Körperstellen soll hier nicht näher eingegangen werden. Wenn man sie darauf ansprach, gab sie als Begründung lediglich an: „Edle Tiere tragen doch schließlich auch einen Chip im Ohr!"

Auch an diesem Samstag war Antje-Katharina Möchtling-Scheibenhauer auf der Promenade durch den Stadtpark mit ihrem Labrador-Rüden Chico Pepe unterwegs. Doch die Blicke aller Art, egal ob bewundernd oder verehelicht-geil, prallten an ihr wirkungslos ab. Sie war in Gedanken versunken und bemerkte deshalb nicht, dass ihr ein Mann beharrlich folgte. Als sie die Haustüre aufsperrte, drängte er sich mit hinein und sie verriet ihm unbeabsichtigt so nebenbei auch ihren Namen, als sie in ihrem Briefkasten nach der täglichen Post schaute.

Die Achtundzwanzigjährige freute sich auf ein entspannendes Bad bei Kerzenschein und dezenter Musik. Dazu noch ein spannendes Buch und ein Gläschen Sekt. Nachdem sie Badeschaumflocken und ein paar Rosenblätter in die Wannenflut gestreut hatte, zog sie sich aus und streifte sich Schwimmflügel über. Schließlich hatte man schon gelegentlich gehört, dass Leute beim Baden ertranken, wenn sie unvermittelt einschliefen. Ein prüfender Blick in den Ganzkörperspiegel verriet ihr, wo sich die restlichen Piercings befanden. Nun noch das Quietsche-Entchen ins Wasser und hinein in die wogende Schaumwolke.

Sie war gerade auf Seite zwölf des Thrillers angekommen, als es an der Wohnungstüre schellte.

Wer sollte das denn nun sein? Sie erwartete doch niemand. Triefend stieg sie aus der Wanne, streifte ihre Flügel ab und hüllte sich in ihren leichten Microfaserbademantel. „Ja, bitte?" fragte sie durch die Sprechanlage. „Paketdienst, Frau Möchtling-Scheibenhauer" antwortete eine sympathische Männerstimme.

So schnell hatte sie den neuen Vibrator aus dem Spielzeugkatalog der Beate Uhse Handels-Dynastie aber wirklich noch nicht erwartet. Doch kaum hatte sie die Türe geöffnet, drängte sie der Mann, dessen Stimme nun überhaupt nicht mehr sympathisch klang, in die Wohnung.

„Auf dich bin ich schon lange scharf, du geiles Hundemädchen. Ich habe zwar kein Paket für dich, aber was anderes habe ich dir mitgebracht. Schau mal, etwas ganz Prachtvolles." Dabei knöpfte er bereits seine Hose auf. „Ah, du kommst gerade aus der Badewanne. Da können wir ja gleich gemeinsam plantschen. Und danach machen wir es uns so richtig gemütlich."

Die junge Frau trat nach ihm, wobei sich ihr Bademantel selbständig machte und zu Boden fiel.

„Mmmmmmmh, da habe ich ja einen Volltreffer gelandet", stöhnte der Besucher und griff nach ihr. Doch im selben Moment vernahm er ein Unheil verkündendes Knurren. Labrador *Chico Pepe* saß hinter ihm mit gebleckten Zähnen und zitternden Lefzen, wobei er konzentriert sein entblößtes Hinterteil fixierte.

„Jetzt pfeif schon dein Schoßhündchen zurück und lass uns Party machen", keifte der falsche Bote des ebenso falschen Paketdienstes.

Aber *Chico Pepe*, diesen Zuchtrüden mit adligem Stammbaum, traf diese ehrenrührige Bezeichnung bis ins Mark und sein vom Katzenjagen geschärftes Gebiss vergrub sich schmerzhaft in den zum Sitzen bestimmten Körperteil des Pseudo-Dienstleiters, wodurch sich dessen ehemals starke Erregung auf ein Mindestmaß reduzierte.

Moritz Haubensack, so hieß der falsche Paketler, verließen sämtliche Lustgefühle so rasch wie ein Sonnenuntergang am Meer und er flüchtete Hals über Kopf, soweit es ihm die heruntergelassene Hose erlaubte.

Da der treue Labrador ihm aber auch nach draußen folgte, fand er gar keine Gelegenheit, diesen an sich verbotenen Zustand zu beheben. Dummerweise galt dabei seine ganze Aufmerksamkeit dem nun auch noch laut kläffenden Tier, sodass der er zu allem Unglück noch vor ein Auto lief.

So endete diese fingierte Paketzustellung für Moritz Haubensack zwar nicht im erhofften Paradies, aber wenigstens auf Zimmer 13 des städtischen Krankenhauses, wo er mit eingegipstem Bein und lädiertem Hinterteil bäuchlings die unangenehmsten Wochen seines Lebens verbrachte. Als Zugabe erhielt er an diese Adresse auch noch eine Vorladung wegen Erregung öffentlichen Ärgernisses sowie Beleidigung eines rassereinen Labradors.

Fragen Sie Ihren Bauern:
BIO-Tote sterben gesünder

Als er seine Lisbeth damals zum Traualtar führte, kackte die Doku Soap *Bauer sucht Frau* noch nicht einmal in die Windeln. Nein, alles ging den stinknormalen Gang. Seine Eltern sagten: „Schau doch mal auf dem Nachbarhof vorbei. Die Lisbeth Vordemdeich ist ja nur acht Jahre älter als du. Sie schielt zwar ein bisschen und hat Elefantenbeine, aber sie schleppt vierzig Morgen Land auf dem Buckel und das ist das einzige, was zählt. Also passt ihr doch prima zusammen".

Demzufolge überschritt Gisbert Hintermdeich an einem Sonntagmorgen nach dem Kirchgang die nachbarliche Grundstücksgrenze und machte sich auf zur Brautschau. Lisbeth schielte ihn sofort total verliebt an und schon nach vier Wochen war Gisbert Herr über nun insgesamt neunzig Morgen ertragreiches Ackerland samt erklecklichem Viehbestand aller Rassen.

Dem gut gemeinten Ratschlag des Pastors *Seid fruchtbar und mehret euch* ließ das in Liebesdingen völlig unerfahrene Paar eher zufällig die Tat folgen. Nach der Geburt eines Hoferben erlosch bei beiden jedoch umgehend jegliches weitere Interesse an sexueller Betätigung, was zwangsläufig zu einer Erlahmung der dafür vorgesehenen Werkzeuge führte.

Eines Tages jedoch ergab es sich, dass Gisbert Hintermdeich beim Stammtisch im Dorfkrug seines beschaulichen Heimatortes Sprötze ganz sonderliche

Dinge erfuhr. Die Runde war nach der obligatorischen Pils-Kur plus Korn bestens in Fahrt und Hein Vorderwülbecke prahlte damit, wie er in Hamburg auf der Herbertstraße eine blonde Polin namens Anuschka flachgelegt hätte. „Ich schlage vor", gröhlte er, „dass wir allesamt einen fröhlichen Bums-Ausflug dorthin machen. Aber verratet bloß nichts euren Weibern."

So geschah es und Gisbert Hintermdeich fand sofort höchsten Gefallen an diesem geilen Tun. So sehr, dass sich seine Besuche bei Anuschka häuften und zu Hause sich seine getreue Lisbeth wunderte, dass die Milch- und Eiergeldkasse stets leer war. Der Fluch der bösen Tat wollte es, dass der in heißer Liebe entbrannte Bauer durch eine von Lisbeths Kirchenchorgesangs-Schwestern auf dem Pfad der Untugend enttarnt wurde. Sogleich steckte sie Lisbeth ihr Wissen und diese erklärte ihrem Gisbert unmissverständlich, dass er sich auf der Stelle zwischen ihren in die Ehe eingebrachten vierzig Morgen Land samt Sauen und Rindviechern inklusive Deutz-Traktor, Hühnern plus Hofhund und der blonden Gespielin entscheiden müsse.

Aber bei Gisbert war endgültig der eh schon bescheidene Verstand südlich des Nabels gerutscht und noch nicht einmal für zweihundert Zuchtbullen hätte er sein leibliches Vergnügen eingetauscht.

Da sann Lisbeth auf Rache. Und eines Tages war der Bauer plötzlich spurlos verschwunden. Die Bäuerin lief fortan hilflos, verzweifelt und in Tränen aufgelöst durch den Ort. Alle Freunde und Bekannten zerflossen vor Mitleid und in der Kirche ließ sie sogar eine Messe für ihren geliebten Gisbert lesen.

Nur der Hein Vorderwülbecke traute dem Schweinerollbraten nicht so recht. Schließlich war Bauer Gisbert ein vor Gesundheit nur so strotzender Mittdreißiger und litt weder an Depressionen noch an Ebola. Er konnte sich doch nicht einfach in Luft aufgelöst haben und auch von einem Unfall stand nichts in der *Sprötzer Rundschau.*

Hein Vorderwülbecke war es dann auch, der bei mir anrief. Er kannte mich aus einem gemeinsamen Volkshochschulkurs über vietnamesische Küche („Wie bereite ich aus Hund, Katze oder Maus einen schmackhaften Big Mac?").

„Frau Häm-Börger, ich habe da einen blöden Verdacht. Unser Stammtischkollege Gisbert Hintermdeich ist seit ein paar Tagen verschwunden. Er hätte seine Kumpels doch informiert, wenn er ohne seine Olle in Urlaub gefahren wäre oder sich bei der blonden Anuschka in St. Pauli einquartiert hätte. Können Sie sich nicht mal auf seinem Hof ein bisschen unauffällig umsehen, quasi undercover?"

Eigentlich wollte ich schon lange mal wieder Landluft schnuppern und so kam mir dieser Auftrag gar nicht ungelegen. Also raus aus dem Supermini und rein in einen grellroten fleckigen Overall plus Gummistiefel aus dem Kostümverleih. Ungeschminkt, die Haare zu einem unordentlichen Knoten gebunden, betrat ich den Hof und pochte an die hölzerne Eingangstüre. Mit den Fingernägeln schürfte ich vorher noch kräftig in Nachbars Vorgarten, bis sie deftige Trauerränder aufwiesen.

„Guten Tag, Frau Hintermdeich. Ich habe gehört, Sie brauchen Hilfe, nachdem Ihr Mann angeblich verschollen ist. Bei leichten Arbeiten könnte ich Ihnen sicher zur Hand gehen."

„Können Sie melken?" schielte sie kräftig an mir vorbei auf den Wandspruch des Tages. „Und wenn Sie dann noch das Vieh füttern, wäre mir schon fürs erste geholfen. Wie heißen Sie denn überhaupt?"

„Sagen Sie einfach Hella und Du zu mir."

„Also gut, Hella. Ich freu mich. Aber es gilt nur, solange mein Mann verschwunden ist. Und mehr als sechs Euro dreißig in der Stunde kann ich dir auch nicht zahlen."

Meine stöckelschuhtrainierten Waden schlurften in den übergroßen Stiefeln Richtung Stall. Unterwegs registrierte ich automatisch: 43 Hühner im legefähigen Alter, 17 Küken, 1 Hahn, 1 Hofhund an der Kette, 1 Dackel lose, 12 Kühe im Stall und auf der angrenzenden Weide einige Jungbullen. Als ich an denen vorbeiging, fingen diese plötzlich an, tierisch zu brüllen und mit den Hufen baggergleich den Boden umzugraben. Verdammt! Ich hatte doch tatsächlich vergessen, wie diese Tiergattung auf die Farbe Rot reagiert (siehe Stierkampf).

Ich hatte die Augen überall. Aber kein Erhängter an irgendeinem Balken, kein von der Leiter zum Heuboden Gestürzter, keine Hand, die hilfesuchend aus der Jauche ragt, kein röchelnder Hilferuf aus dem Brunnenschacht und keine mistgabeldurchbohrte Bauernbrust.

„Wir produzieren nur Bio-Nahrung, Hella", klärte mich die Bäuerin auf. Wir beliefern einige Läden in der Umgebung mit Eiern von freilaufenden glücklichen Hühnern, Bio-Milch, Bio-Fleisch, Bio-Getreide,

Bio-Möhren, Bio-Kirschen, Bio-Kohl und Bio-Roma-naherzen. Und nebenbei bietet mein Herr und Gebieter auch noch Bio-Buchen-Anfeuerholz aus dem hofeigenen Wäldchen an. Die Leute leben ja heute extrem gesundheitsbewusst und bezahlen dafür jeden Preis. Und unsere Tiere werden auch ausschließlich mit Futter aus eigener Ernte großgezogen. Nichts Zugekauftes. Kein Fischmehl und genmanipuliertes Zeug. Der Mais wird siliert und danach zugefüttert. Das war übrigens die letzte Arbeit, die mein Mann erledigte. Seither ist er verschwunden." Dabei schluchzte sie bitterlich in ihr kotverschmiertes, spitzenbesetzes Taschentuch.

„Wo steht denn dieser Silo, Frau Hintermdeich?" fragte ich. „Das würde mich mal interessieren."

„Dort der große Turm. Aber es ist gefährlich da reinzuschauen, weil sich Gärdämpfe entwickeln und die können schon nach kurzer Zeit zur Bewusstlosigkeit führen."

„Okay, dann gehe ich lieber mal die Tiere füttern", sagte ich und wandte mich ab.

Sobald aber die Bäuerin im Haus verschwunden war, besorgte ich mir eine Rohrzange von der Werkbank, schlich zu dem riesigen Silobehälter und löste neugierig die zahlreichen Schrauben an der Klappe. Sofort schlug mir ein bestialischer Gestank entgegen. Dennoch öffnete ich die Türe vollends und was fiel mir geradezu in die Arme? Ein männlicher Körper. Aufgedunsen wie ein Werbeballon des NDR, das Gesicht blauverfärbt wie nach drei Flaschen Ouzo, weit herausgequollene Augen, gefletschte Zähne wie bei einer Hyäne vor der Mahlzeit von drei Kilo Gammelfleisch. Ich hatte mit an Sicherheit grenzender Wahrscheinlichkeit den vermissten Gisbert Hindermdeich gefunden. Und dieser hier war garantiert ratten- und mausetot. Schnell verschloss ich wieder die Türe mit den Schrauben. Zum Glück hatte ich noch nicht gefrühstückt, sonst hätte ich es wohl als Opfergabe dargebracht.

Oh Mann, da war ich mal wieder in einen leibhaftigen Mordfall gestolpert. Mit Gummistiefeln Größe 43. Na klar. Denn wer in diesem Silo hockt, wird kaum von innen die Türe verschließen. Die Kollegen in Zivil würden wieder ihre helle Freude an der Schnüffelnase der Hella Häm-Börger haben, die ihnen diesmal einen beanstandungsfreien BIO-Toten frei Haus liefert. Aber mal ehrlich: Gibt es denn etwas Schöneres, als gesundheitsbewusst zu sterben?

Killen ist doch voll cool, ey!

Ich frage Sie: Was hat eine fünfzehnjährige Göre auf einer Bunga-Bunga-Party verloren? Selbst wenn Silvio Berlusconi persönlich dazu eingeladen hätte, sollten doch immer noch ein paar moralische Regeln des menschlichen Zusammenlebens eingehalten werden. Aber Saskia-Marie Laufsteg war wie die meisten Gleichaltrigen den Lockungen des Ruhmes und des Geldes verfallen. Beim Facebook-Surfen beeindruckten sie die Angebote für eine *Model-Karriere mit Erfolgsgarantie* so sehr, dass sie all ihre persönlichen Daten und dazu intimste Details ohne jegliches Misstrauen ins Netz stellte.

Noch am selben Tag antwortete ihr der *Geschäftsführer* der angeblich europaweit bekannten Model-Foto-Agentur „Young & Lovely" und lud sie gleich zu einer privaten Partynacht in Heilbronn – also ganz in der Nähe ihres Wohnortes – ein. Einige sehr einflussreiche Herren seien auch anwesend, welche die Aspirantinnen gerne persönlich näher kennenlernen möchten. Gleich an diesem Abend solle auch eine Vorauswahl für etwaige künftige Verpflichtungen getroffen werden.

Ihren Eltern erzählte Saskia-Marie, dass sie bei ihrer besten Freundin übernachte und packte sich klammheimlich ihre heißesten Dessous und Schminkutensilien in eine Plastiktüte.

Auf dem Parkplatz vor der angegebenen Adresse stachen ihr sofort einige dicke Brummer der deutschen Premium-Klassen ins Auge und auf ihr schüchternes Klingeln öffnete ihr ein nobler Diener in Livree und führte sie sofort in ein großes Wohnzimmer. Außer ihr befanden sich dort noch zwei weitere Mädels und fünf scheinbar höchst seriöse und stilsicher gekleidete Herren jenseits der Fünfzig. Diese begrüßten sie allesamt galant mit Handkuss. Nach mehreren Gläsern Champagner lockerte sich die Atmosphäre merklich und der *Geschäftsführer* der Agentur bat die minderjährigen Model-Anwärterinnen, nun doch ihre Hüllen fallen zu lassen, damit sich die *Juroren* ein Bild von ihren körperlichen Vorzügen machen könnten.

Die beiden anderen Mädels namens Antoinette und Graziella, die auch noch im Jugendalter, aber dafür offensichtlich in jeder Beziehung gereifter und erfahrener waren als Saskia-Marie, zogen ohne Hemmungen blank und drehten sich vor den Herren mit graziösem Hüftschwung in alle Richtungen.

„Na, schöne Frau", sagte einer der Angegrauten zu Saskia-Marie. „Runter mit dem Fummel. Denk dabei einfach an Basti Schweinsteiger, der folgende kluge Bemerkung von sich gab: ´Wenn du zum Elfmeterpunkt gehst, brauchst du Eier!´ „Und nachdem er jetzt verdientermaßen auch zum Kapitän der Nationalkicker befördert wurde, benötigt er bestimmt noch mehr von der Sorte."

„Also mir würde schon reichen, wenn du zwei davon hast", mischte sich Graziella vorlaut ein. „Kannst es ja gleich mal beweisen, Oldie!"

„Du bist ja ein freches kleines Luder. Na warte, ich nehme dich gleich beim Wort. Du darfst mit mir nach oben gehen. Komm mit!" Dabei zog Helmut, so hieß der angebliche *Talent-Prüfer,* sie am Arm mit sich.

„Und ihr beiden Hübschen dürft hier bei uns bleiben. Wir machen es uns hier gemütlich." Dabei begannen sich die vier Herren auch schon zu entkleiden.

„Davon war aber nicht die Rede", wehrte sich Saskia-Marie. „Außerdem nehme ich noch nicht die Pille."

„Kein Problem, junge Dame", meldete sich der glatzköpfige Heino zu Wort. „Wir sind hier voll ausgerüstet. Komm schon her und zier dich nicht so. Du willst doch schließlich Karriere machen oder nicht?"

In diesem Moment ertönten vom oberen Stockwerk laute Schreie, die in ein schreckliches Röcheln übergingen, ehe auch dieses erstarb. Graziella kam mit blutigen Pobacken hereingestürmt, in der rechten Hand eine Bronzeskulptur. „Diesem geilen Sack habe ich es aber gegeben! Ich lass mir doch von diesem perversen Schwein nicht alles gefallen. Da habe ich ihm eins übergebraten. Zuerst hat er ja noch rumgezappelt und gezuckt, aber als ich noch ein paar Mal zugehackt habe, hat er sämtliche Flossen von sich gestreckt. Das hättet ihr sehen sollen. Mädels. Ich kann euch flüstern, das war total echt voll cool, ey."

„Bist du wahnsinnig", schrie der Oberagent Harry. „Musstest du diesen Leichenwagenbremser unbedingt gleich killen? Los, werft euch in eure Fummel und verschwindet ganz plötzlich. Und kein Wort zu niemand. Ich habe jedenfalls keine Lust, Abführmittel (für Nichteingeweihte: Handschellen) verordnet zu bekommen für Unzucht mit Jugendlichen. Und als Höhepunkt noch ein kleiner Totschlag. Das wär es ja. Glaubt ihr vielleicht, ich bin scharf darauf, ein paar Jahre gesiebte Luft zu atmen? Auf Kollegen, wir müssen den Helmut entsorgen. Auf Nimmerwiedersehen. Lade ihn in deinen Stretch-Daimler, Roderich, und schmeiß ihn auf die Müllkippe. Ich will mir ja nicht auch noch meinen frisch ausgesaugten Audi RS 8 versauen. Seiner Ingrid erzählen wir, er wäre in eine Gletscherspalte gerutscht. Was ja noch nicht mal gelogen ist", ergänzte er mit einem zynischen Lachen.

Danach änderten die verbliebenen vier Herren der Internet-Agentur „Young & Lovely" als erstes ihren Firmennamen in „Heidewitzka" und die drei Model-Anwärterinnen beschlossen, nach dieser Premiere auf dem glitschigen Model-Parkett fürs erste eine kleine Facebook-Pause einzulegen.

It was all for the cat

Ludwig Fingerhackl-Wurmstich hatte echt Karriere gemacht. Vom fränkischen Weißwurst-Fabrikanten - sinnigerweise aus *Schweinfurt* - zum freistaatbayerischen Landtagsabgeordneten. Seit drei Jahren saß er für die von ihm gegründete PAGÜFUB (Partei gegen überhöhte Forderungen unfähiger Beamter) im Parlament. Wie jeder weiß, wird im Freistaat Politik in erster Linie am Stammtisch oder auf der Wies`n gemacht. Und dort punktete der stramme Ludwig mit seinen ketzerischen *Argumenten* am meisten. Denn welcher gläubige Bürger ist schon gut auf diese Sesselrutscher, auf Hochdeutsch Beamte, zu sprechen?

Der Umsatz seiner schweinischen Würste florierte im gesamten Bayernland bestens und erlaubte ihm, auch seinen heimatlichen Fußballclub „1. FC Haxnhauer" kräftig zu sponsern. Alles in allem war Fingerhackl-Wurmstich MdL also ein echter *Promi.* Ein bestens vernetzter Unternehmer und honoriges Mitglied der Gesellschaft mit einem ausgeprägten Gefühl für *steuerliche Vorteile.*

Soeben befasste sich der Landtag mit einem von ihm eingebrachten Vorschlag, einen bundesweiten „Tag der Weißwurst" einzuführen. Es ist ja hinlänglich bekannt, dass es inzwischen beinahe für jeden Kalendertag einen sogenannten *Gedenktag* gibt. Neben dem Valentinstag den Halloween, den Weltknuddeltag und an erster Stelle den 3. Oktober. Aber an den werden wir sowieso per Soli in penetranter Regelmäßigkeit erinnert. Folgende weiteren chancenreichen Vorschläge kursieren bereits: Tag des überlebenden Fußgängers, Tag des Zahnersatzes, Tag der Kontoüberziehung, Tag der Entjungferung, Tag der Bade-Ente, Tag des Nuschelns, Tag der Krötenwanderung, Tag der Übergewichtigen oder Stunde der Lesekundigen.

Außerdem warb Ludwig Fingerhackl-Wurmstich auf Plakaten für *mehr Radler auf Autobahnen, Gehwegen, Joggingstrecken und im Wald.* Denn gerade auch Radfahrer verzehren bevorzugt Weißwürste.

Doch nun zurück zu seinen Verdiensten im Besonderen. Die kleinen steuerlichen Tricksereien, wie er sie nannte, verhalfen ihm zu einer bescheidenen Immobilie auf den Cayman-Inseln inklusive einem Hektar Palmenstrand, wo er auch ein erkleckliches Festgeldkonto führte. Außerdem zu einer Strand-Suite auf den Malediven, einem Appartement am Lago Maggiore und einem Häuschen auf den Kanaren – in direkter Nachbarschaft des saudischen Prinzen Achmar Ben Hussa Ibn Al-Sauna.

In den vier Garagen in Schweinfurt parkten je zwei sommer- und wintertaugliche Edelkarossen und natürlich bewegte sich sein holdes Weib Ingrid beim Tennis und Golf, wenn sie nicht gerade auf ihrem von Ludger Beerbaum ausgemusterten Rapphengst *Big Horn* ausritt. Ja, Luggi hatte es geschafft und sein Vermögen hätte sich auch im Abonnement vermehrt, wenn nicht ein von ihm geschasster früherer Darmspüler Rachegelüste verspürt und dem Finanzamt einen Tipp gegeben hätte. Und so trabte denn in seiner schweineverarbeitenden Fabrik auch eines Tages ein ganzer Suchtrupp an, während er selbst sich in netter Gesellschaft einer seiner jugendlichen

Entbeinerinnen auf der Karibik-Insel suhlte.

Die Steuerfahnder stellten derweil den schweinischen Betrieb auf den Kopf. Jede Sau wurde gewissenhaft ausgenommen. Akribisch wurde über sämtliche Würste und Därme Buch geführt. Zudem registrierte der Zoll, dass neben den dreiundfünfzig ordnungsgemäß gemeldeten Mitarbeitern noch weitere einhunderteinundzwanzig unversteuerte Schwarzarbeiter beschäftigt waren. Und diese produzierten weiß Gott nicht ausschließlich Schwarzwürste. Das alles roch geradezu nach einem zweiten Fall Hoeneß, wenn auch in anderen Dimensionen. Aber die hinterzogenen Lohnsteuern und Sozialversicherungsbeiträge summierten sich auch auf runde zwei Millionen. Zudem besaßen einige der Fremdarbeitskräfte keine gültige Aufenthaltserlaubnis.

Im Landtag wurde *Luggis* Immunität aufgehoben und ein eigens einberufener Untersuchungsausschuss „Schweinfurter Sauerei" sollte die Vorgänge aufklären.

Eigentlich wäre es die Heilbronner Kripo überhaupt nichts angegangen, was für *Schweinereien* das angesehene Mitglied des bayerischen Landtags hin- und herwälzte beziehungsweise auf welchen anonymen Inselkonten er seine Euro-Schäfchen ins Trockene brachte. Aber seine Gattin Ingrid stammte aus einer kleinen Landgemeinde im Heilbronner Umland und da der MdL nicht greifbar war, wollte man auch dort die Fühler ausstrecken und informierte das dortige Betrugsdezernat.

Ingrid Fingerhackl-Wurmstich hatte inzwischen ihren Allerwertesten bereits per Mail informiert und ihn unmissverständlich wissen lassen, dass sie die Fliege mache, sollte er nicht mehr in der Lage sein, Millionen von Därmen sowie ihr Haushaltsgeldkonto zu füllen. Er selbst könne von ihr aus gerne bleiben, wo der Pfeffer wächst und dort seine zweibeinigen Ferkel bumsen.

Für den bayerischen Ehrenmann Ludwig fiel plötzlich alles in sich zusammen wie eine Reihe angeschubster Dominosteine. Aus! Vorbei! Er war am Ende. Kein Schwein würde sich von ihm mehr den Darm füllen lassen. In tiefster Depression wanderte er zu den Klippen hinter seinem botanischen Edel-Garten und stürzte sich mit einem urigen urbayerischen Schrei „Bluatsau" in die Tiefe.

Sonnenanbeter fanden ihn am nächsten Tag zerschmettert im Sand. Um seinen Hals trug er ein handschriftliches Schild. In perfektem Oxford-Englisch, wie es auch früher ein deutscher Bundeskanzler und andere hochrangige Regierungsvertreter pflegten, stand darauf zu lesen: „It was all for the cat."

Weitere bisher erschienene Bücher von Helga Eggers alias Hella Häm-Börger und Rudi Hans Böhret alias Fabio Marotti

(Auswahl)

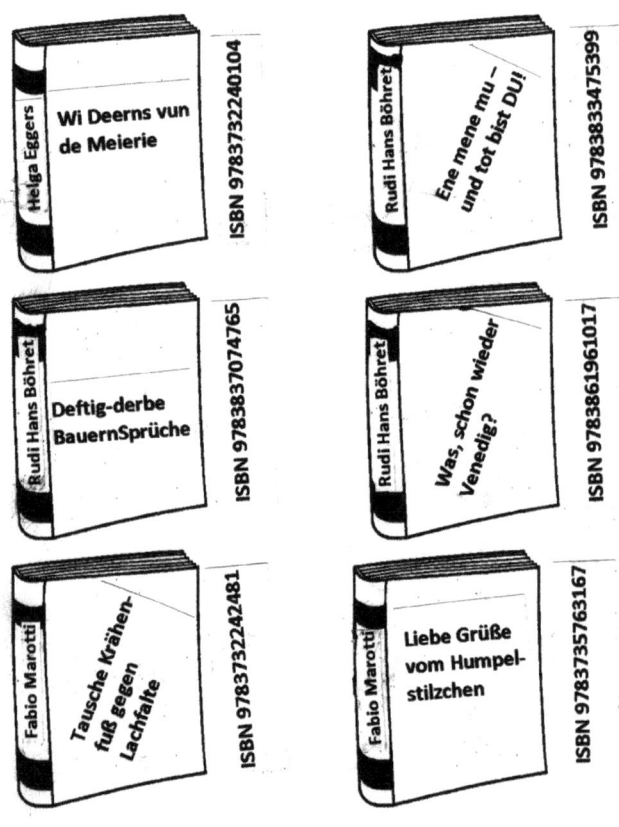

Helga Eggers
Wi Deerns vun de Meierie
ISBN 9783732240104

Rudi Hans Böhret
Ene mene mu – und tot bist DU!
ISBN 9783833475399

Rudi Hans Böhret
Deftig-derbe BauernSprüche
ISBN 9783837074765

Rudi Hans Böhret
Was, schon wieder Venedig?
ISBN 9783861961017

Fabio Marotti
Tausche Krähenfuß gegen Lachfalte
ISBN 9783732242481

Fabio Marotti
Liebe Grüße vom Humpelstilzchen
ISBN 9783737357631167